一蓑烟雨任平生

苏轼传

夏葳 著

中国出版集团
现代出版社

目　录

序言　横看成岭侧成峰

卷一　诗酒趁年华

第一章　【眉山】　　　　　　　　　　〇〇二
第二章　【芳伴】　　　　　　　　　　〇一一
第三章　【题名】　　　　　　　　　　〇一九
第四章　【蛰居】　　　　　　　　　　〇三〇
第五章　【南行】　　　　　　　　　　〇三八
第六章　【三苏】　　　　　　　　　　〇四五
第七章　【仕旅】　　　　　　　　　　〇五七

卷二　人间有味是清欢

第一章　【松冈】　　　　　　　　　　〇七二
第二章　【新政】　　　　　　　　　　〇八〇

第三章　【鸿才】　　　　　　　　　　〇九〇
第四章　【超然】　　　　　　　　　　一〇一
第五章　【常棣】　　　　　　　　　　一一三
第六章　【黄楼】　　　　　　　　　　一二四
第七章　【乌台】　　　　　　　　　　一三一

卷三　我欲乘风归去

第一章　【躬耕】　　　　　　　　　　一四二
第二章　【赤壁】　　　　　　　　　　一五二
第三章　【老妻】　　　　　　　　　　一六三
第四章　【莫逆】　　　　　　　　　　一七四
第五章　【南渡】　　　　　　　　　　一八五
第六章　【官禄】　　　　　　　　　　一九四

卷四　一蓑烟雨任平生

第一章　【书画】　　　　　　　　二〇二
第二章　【自退】　　　　　　　　二一〇
第三章　【岭南】　　　　　　　　二一六
第四章　【维摩】　　　　　　　　二二三
第五章　【放逐】　　　　　　　　二三二
第六章　【归去】　　　　　　　　二四〇

后记　　　　　　　　　　　　　二四六

附录　苏轼生平年表　　　　　　二四八

序言　横看成岭侧成峰

喜欢苏轼，已经很多年。

记得有一年参军的二叔寒假回来探亲，我那时是八九岁的光景，二叔用自行车驮着我去外乡走亲戚。我坐在自行车的横梁上，二叔一句一句教我背诵苏轼的《水调歌头》，我稚嫩的童音，在二月的春寒料峭里，在自行车的颠簸中，舞起诗词的轻纱袖。

二叔后来告诉我，那么长的诗词，我只跟着学几遍，就一字不差地背了下来。

我已然记不清许多细节。不过，这首词从此在我心里扎根开花，使我对那些被称为诗词的方块字产生了浓厚的兴趣。后来我喜欢看书，爱好文字，也都是从这里开始的。

孩提时代，在我的心头，苏轼，是那么不同凡响的一个名字。

后来当我渐渐长大，在课本里，在文学史里，更加熟悉了这个名字。走近他，倍觉亲近，如遇故人。

很多人写过苏轼。

清初杰出诗人王士祯盛赞苏轼：

汉魏以来，二千年间，以诗名其家者众矣。顾所号为仙才者，唯曹子建、李太白、苏子瞻三人而已。

　　文学大师林语堂先生的《苏东坡传》蜚声中外。书中，林大师对东坡仰慕之至，偏爱、褒奖可谓掷地有声：

　　苏东坡是个秉性难改的乐天派，是悲天悯人的道德家，是黎民百姓的好朋友，是散文作家，是新派的画家，是伟大的书法家，是酿酒的实验者，是工程师，是假道学的反对派，是瑜伽术的修炼者，是佛教徒，是士大夫，是皇帝的秘书，是饮酒成癖者，是心肠慈悲的法官，是政治上的坚持己见者，是月下的漫步者，是诗人，是生性诙谐爱开玩笑的人。可是这些也许还不足以勾绘出苏东坡的全貌……苏东坡比中国其他的诗人更具有多面性天才的丰富感、变化感和幽默感，智能优异，心灵却像天真的小孩——这种混合等于耶稣所谓蛇的智慧加上鸽子的温文。

　　苏轼，千古第一文人，尤使世人惊叹的是，他能横跨各个文艺领域，并独领风骚。
　　其文，如行云流水，行于所当行，止于不可不止，与欧阳修并称"欧苏"。
　　其诗，如天地奇观，"笔所未到气已吞"，与黄庭坚并称"苏黄"。

其词，豪爽狂放者有之，婉约蕴藉者有之，清秀淡逸者有之，与辛弃疾并称"苏辛"。

其字，笔法淋漓，灵趣盎然，与黄庭坚、米芾、蔡襄并称"苏黄米蔡"。

其画，大胆创新，强调神韵，不拘形似，与文同并称"湖州画派"始祖。

苏轼的旷世奇才让后世敬仰，但世人更欣赏的是他棱角分明、刚正不阿的处世态度。他随缘自适、不屈不挠的精神品质，如巍峨高山，葳蕤大树。

无论是位居翰林大学士知制诰之高，还是被贬至儋州不毛之地，他一以贯之地秉持自己的处世哲学，不管身处什么样的环境，皆能自我解脱，自我释放。"玉宇琼楼，乘鸾来去，人在清凉国"。通达、泰然的他，始终保持着顽强乐观和超然自适的人生态度。

纵然宦海沉浮，几起几落，但他追求纯真磊落的风骨坚不可摧，如赤子般狂放不羁，决不折腰。他的大半生，"心似已灰之木，身如不系之舟，问汝平生功业，黄州惠州儋州"。无论是王安石新党当道，还是司马光保守派执权，苏轼在新旧两党的夹击和陷害之中，历尽坎坷，汹浪恶涛使他几近没顶。但他如一竿傲竹不改其节，从不阿谀奉承，从不背叛自己坚持的立场，不以个人得失为怀，而是以谈笑于生死之际的旷达情怀，在动荡不停的政治风雨中，捍卫良知，特立独行，一蓑烟雨任平生。

我欣赏苏轼纯真、随和的性格。在物欲横流、泥沙俱下的现实社会，很多时候，我们难免急功近利，心浮气躁，怨天尤人。但是每每读到苏轼，我的内心就会刹那安静，犹如身处一棵根深叶茂的大树下，清静，和乐，仿佛回到童年时的心境。

最令世人动容的是他与三位女子的爱情。苏轼对早逝妻子王弗情义深重，且不说他手植三万棵青松的郑重，只一首《江城子》，"十年生死两茫茫，不思量，自难忘"，绝唱千古，长歌当泣。续弦王闰之，王弗的堂妹，一个温柔良善的女子，伴随苏轼走过了他人生中最重要的二十五年，他们之间有着平凡而又深厚的感情，苏轼死后与她合葬，实现了祭文中"惟有同穴"的夙愿。

而对侍妾兼知己红颜王朝云，苏轼亦是怜恤有加，恩宠不移。只因朝云不离不弃，懂得他"一肚子的不合时宜"。

男人离不开女人，自古至今如是。而令我们心有戚戚的是，在人生的每一个阶段，这个才情放旷的男人，对待每一个爱他伴他的女人，可以爱得那么纯粹，着实难得。

手足之情，是苏轼毕生歌咏的题材。他与弟弟苏辙忧戚相关、患难与共的昆仲之谊，感人肺腑。

所以我喜欢苏轼，因为他是一个伟丈夫，更是一个有情有义的真汉子。情至深，义至重，万世瞩目。

一直以来，我们习惯从教科书中去认识伟人，但今天，我想用我的视角，用我粗陋的文笔，深入苏轼的心灵深处，深入这位饱经忧患而襟怀开阔的文人士大夫的情感深处，去探寻他的喜怒哀乐，人生况味。

"一点浩然气，千里快哉风"。于文字的屋檐下，我邀清风明月，邀大江东去的浪潮，和这位仁慈豪爽的师者一起，煮酒烹茶，以琴诗为侣，演绎一场穿越古今的心灵对话。

在对话中，我走近他，理解他，感悟他，心灵的交汇驱使我拿起笔来记录他，记录他有喜有悲的人生，有声有色的诗词，有情有义的个性。

岁月如纸，刻写成记。岁月如石，会读成玉。

在这本书里，我将以苏轼年表为主要脉络，结合其诗词与生平经历，将自身体悟和生命思考与之对接，倾情解读"千古第一文人"苏轼的旷达与情深。

恰若苏子诗句："横看成岭侧成峰，远近高低各不同。"我想，这将是一次别有意味的文字之旅。

卷一 诗酒趁年华

第一章 【眉山】

> 从某种程度上来说,一个人即便是活在乱世,也远比生不逢时要幸运得多。因为只要一个人的童年得到了幸福,纵然他成年后的经历再艰辛困苦,心里也不会太过绝望,至少,在记忆中,还是有一处温馨之所,可供疲惫的灵魂栖息。
>
> ——题记

眉山是苏轼的故乡。

眉山古时隶属眉州,位于成都平原的西南部,因有青山远望如眉而得名,是一座风景清幽的小城。温柔的岷江带着古嘉州的佛音穿城而过,民居楼阁夹岸而立,鳞次栉比,又有云水萦绕,古木花影交相掩映，所谓孕奇育秀之地，良田美池桑竹之属，正是如此。

北宋仁宗景祐三年（1037年）十二月十九日，苏轼出生在眉山城中纱縠行南街的一户文化世家。

那也是一代明君亲政的年代，国泰，则民安。

清朝的无名氏写《东坡诗话》时，这样形容仁宗盛治："宋朝全盛之时，仁宗天子御极之世。这一代君王，恭己无为，宽仁明圣，四海雍熙，八荒平静，士农乐业，文武忠良。真个是：圣明有道唐虞世，日月无私天地春。"

所以，从某种程度上来说，一个人即便是活在乱世，也远比生不逢时要幸运得多。因为只要一个人的童年得到了幸福，纵然他成年后的经历再艰辛困苦，心里也不会太过绝望，至少，在记忆中，还是有一处温馨之所，可供疲惫的灵魂栖息。

太平盛世，乐业安居。

是时，眉山城的年味已经酽浓，街道上满是热闹祥和的气氛。是日，苏家檐角的大红灯笼昭示着隆冬的瑞吉，院中蜡梅吐出脱俗的清香，翠竹簇拥的房内，随着一声清脆婴啼的响起，新生的欢喜，便绽放在每一个人的眉睫之上。

父亲苏洵赶紧去厅堂进香还愿，在张果老仙人的画像之下，他虔诚静默，眼中隐含泪光，自从数年前妻子产下的男婴夭折，七年了，他日日焚香祷告，祈望家中再添男丁，如今得偿所愿，感恩之余，又不免唏嘘万千。

苏洵给新生的婴孩取名苏轼——轼者，车上扶手是也，希望他长大后能安分守己，虽默默无闻，却能扶危救困，不可或缺。只是，那时候的苏洵没有想到，自己怀中无邪的婴孩，有朝一日会扬名天下，成为千古第一文人；他也没有想到，有一天会与苏轼，以及之后生下的另一个儿子苏辙，并称"三苏"，自此"一门父子三词客，千古文章四大家"。

对于命运植下的种种因缘福祸，他无力洞悉，但作为父亲，对于孩子的疼爱，他从未停歇——就像彼时在心里立下的誓言，对于这个孩子，他一定要尽自己最大的努力，疼惜他，教育他。

是年，苏洵二十又七。

二十七岁，苏洵成为苏轼的父亲，二十七岁，他也迎来了自己的新生。

"苏老泉，二十七，始发奋，读书籍。"

《三字经》里记载的苏老泉，正是苏洵（字明允，号老泉）。苏洵在家教上，称得上是天下父亲的典范，在自学成才上，也可当后世之楷模。

因为家境殷实，二十七岁之前的苏洵从未考虑过功名生计。尽管自己的父亲能作诗文，自己的两位兄长也都有功名。"少独不喜学，年已壮，犹不知书"，整个少年至青年时代，苏洵都在四处游历，青山绿水，纵目天下美景，访寺问道，落拓鞍马之间。

直到儿子苏轼的出生,他才仿佛被某种神秘而坚定的力量骤然点醒,突然就东风石裂,变得用功了起来。

而事实证明,只要一个人肯努力,年龄根本算不上什么羁绊。

果然,通过数年的埋首苦读,苏洵虽然没能实现自己最终的政治抱负,却终是在老年时声名鹊起,成为一代文学大家。其成就在散文上尤为突出,纵观笔下篇章,或抒情,或雄辩,都有着横扫天下的宏伟气势与清奇婉转的文采风情。

有话说,每一个成功的男人背后,都有一个默默支持他的女人。诚然,作为苏洵背后的女人,在家"相夫教子"的苏轼的母亲程夫人功不可没。

六岁时,苏轼进入学堂念书,他聪颖过人,深得老师喜爱。回到家中,在母亲的陪伴与督促下,他或继续博览群书,以开阔心境视野,或练习琴棋,以陶冶心性情操。后来,父亲苏洵进京赶考,不幸落第,懊恼之下到江淮一带散心游玩,数月不回。于是,家中教导孩子之事,便全部交由程夫人负责。

《宋史》中,苏东坡传记的部分和苏辙为他母亲写的碑文中记载了一件事,说是在苏轼小时候,母亲教其《后汉书·范滂传》,范滂为官廉正,有澄清天下之志,无奈却遭人陷害,三十三岁即入狱被杀。范滂与母诀别时,其母大义凛然,谓之,自古年寿与好名不可得兼,如今既能与名士良臣齐名,当死无所恨。读完《范滂传》,小苏轼若有所思,片刻后,他用尚带着稚气的慎重口气问母亲:"母亲,如果我长大后成为范滂,您会怎样呢?"程夫人听罢,欣然笑道:"孩子,你如果成为范滂,我难道不能成为范滂的母亲吗?"

贤明慧心,可见一斑。

程夫人除了教导孩子勤勉读书,还教他们种树、爱鸟,做力所能及的农活。总之,程氏不仅是善良的慈母,而且是苏家兄弟重要的启蒙教师。她对他们的生活、成长,以及后来的功成名就,起到极为重要的作用。

苏家宅院有一片幽谧的竹林。

苏轼记得,自己的父亲苏洵曾在那里高声诵念刘伯伦的《酒德颂》:"有大人先生,以天地为一朝,以万期为须臾,日月为扃牖,八荒为庭衢。行无辙迹,居无室庐,幕天席地,纵意所如。止则操卮执觚,动则挈榼提壶,唯酒是务,焉知其余……"

彼时的他,年纪尚幼,然而想着竹林七贤的酣歌纵酒,却也只觉神思涌动,似有千万根小小春笋,郁郁葱葱,在无边的泥土中期待破土而出。

竹林碧绿青翠,溪深人静,他很喜欢那里。就像他喜欢竹的虚怀若谷,也喜欢竹的静笃清欢。他知道,竹是一种与自己气息契合的植物。

"独坐幽篁里,弹琴复长啸。深林人不知,明月来相照。"

他也记得,有明月的夜间,母亲程夫人会在房间里弹琴。琴声中，母亲的侧脸泛起水中古瓷般的光泽，非常美。琴声如流水，打湿了阶上的青苔，而他偷偷越过石阶，跑到那片竹林里去。

月光之上，是如墨的天。竹林里的月光，带着诗意的温暖，扑打在他的眉睫上。月下有翩然飞舞的虫蛾，像遗落人间的粢亮星子。回来时，淳厚的仆人正在偏房中燃起竹叶酿酒，氤氲的雾气在窗花上蜿蜒，宛若能看见前生。

轼儿。温良的母亲在唤他归家。她会替他拭去脸上的泥灰，然后微笑着牵起他的手，满目安宁。名字，如同一枚深嵌于血液的澄澈胎记，会在逆境中给人璀璨而温暖的力量。他相信，那是父母赐予生年的最初福佑。

童年时期的苏轼，聪敏之余，在诗词方面也表现出了非凡的天赋，下笔时有佳句。譬如"人能碎千金之璧，不能无失声于破釜，能搏猛虎，不能无变色于蜂虿"之类的警句，就经常得到先生的由衷赞叹。一切，有如某种昭示。

在城西寿昌书院上学时，苏轼从学于刘微之。一日，刘先生作了一首《鹭鸶》诗："鹭鸟窥遥浪，寒风掠岸沙。渔人忽惊起，雪片逐风斜。"

抑扬顿挫地念完自己的诗作，先生嘴角含笑，想来心中颇为满意，沉浸在诗的意境之中，满堂学生也交口称赞。只有苏轼面有迟疑，半晌，他起身说道："先生好诗，只是末句的'雪片逐风斜'，学生尚存疑虑。"刘先生道："雪片，乃是鹭鸶羽毛，羽毛逐风飞翔，有何不妥吗?"苏轼恭敬说道:"是的,先生,正因为是鹭鸶羽毛,才不会逐风而飞。鹭鸶归巢,羽毛常会落在一旁的蒹葭上……'渔人忽惊起,雪片落蒹葭',先生您看如何?"刘先生听他说完,先是一惊,后又猛然一喜,遂大笑道:"好句!好一句'雪片落蒹葭',吾非若师也!"

没有功课的时候,苏轼也喜欢四处游玩。他是个优秀的孩子,而他的优秀,一方面来源于良好且严格的教育和自身天赋,另一方面,则来源于他的习惯,他喜好与自然亲近,汲取山川日月的灵气,凡事勤于观察,乐于领悟。

七岁时,苏轼去附近的山中游玩,遇见一名过路的老尼。即使到了人生中年,他也依然记得这位老尼的相貌与姓氏,记得她九十岁时苍老而神秘的声音。

老尼自言,尝随师进入蜀主孟昶的宫中……一日,蜀地大热,她夜入水晶宫,只见蜀主与花蕊夫人正在摩诃池上纳凉,夜明珠将整座宫殿照耀得犹如白昼,沉香散发出迷人的幽香,他们并肩恩爱,坐拥美景良辰,犹似一对神仙眷侣,沉醉间,亦不问人间世事。不觉,夜已三更,头顶星河流转,宫中滴漏阑珊。是时,花蕊夫人乘兴填词一首,自不负良夜。

冰肌玉骨,自清凉无汗。水殿风来暗香满。绣帘开,一点明月窥人,人未寝,欹枕钗横鬓乱。

起来携素手，庭户无声，时见疏星渡河汉。试问夜如何？夜已三更，金波淡，玉绳低转。但屈指西风几时来，又不道流年暗中偷换。

——《洞仙歌》

数十年后，苏轼还记得那首《洞仙歌》。尽管那时候的他，身在他乡，遍尝仕宦辛酸，人情冷暖。尽管那时候的眉山，已然是回不去的地方。那时候的他，写道：

雨后春容清更丽。只有离人，幽恨终难洗。北固山前三面水。碧琼梳拥青螺髻。

一纸乡书来万里。问我何年，真个成归计。白首送春拚一醉。东风吹破千行泪。

——《蝶恋花·京口得乡书》

回不去的，才叫故乡。

一个人，不管身在何处，不管年纪几何，故乡在身上烙下的印记，始终都是无法割舍、无法淡忘的。那座小城的山川风物，流水人情，也终将成为笔墨中最值得依恋的撒捺。

一壶漂泊，人生不过白首相醉。

竹影斑驳，只有岁月在墙上剥落的时候，才能看见儿时模样。

是的，时间，好像总是过得特别快。世事怎能长留年少？

在蜀地川府的锦绣与绮靡中，一个人的七岁，到七十岁，尚似转眼一瞬的温软清梦，更何况从童年到青年的十余载短暂光阴。

西风几时来，明月何处满？

而通常，还未经过一个传说、几个故事的流传，还未经过数卷诗词的吟哦，漫天星光一低转一明灭，半山的夜雨就泻入了秋池，陌上的春花就绽开了香息，身边的流年，也就那般清凉无碍地暗自偷换了。

第二章 【芳伴】

> 这个世界上，从来就没有最好的，只有最合适的。比如蓝天和白云，绿草和大地，比如我遇到你，以及你遇到我。
>
> ——题记

仁宗至和元年（1054年），十九岁的苏轼在进京赶考之前，迎娶青神进士王方的女儿王弗进门。因宋代素有"榜下择婿"之风俗，向来具有前瞻性思维的苏洵怕儿子金榜题名后，王侯将相争相提亲，婚姻大事不能自作主张，所以让两个儿子分别选取心仪之人提前完婚，以防后患。

为孩子一生的幸福着想，绝不攀龙附凤。在这方面，苏洵和夫人堪称高人,他们是一对伟大的父母。

是年,王弗年方十六岁,正值碧玉年华,年轻的苏轼一见则心花怒放,十分钟情。

青神,位于眉山镇南约十五里处,为古蜀国"后户",因崇祀蚕丛氏"青衣而教民农桑,民皆神之"得名。

蜀江水碧蜀山青。巴蜀之地,自古以来山川隽秀,物华天宝。所谓山明水秀蕴佳人,生于斯长于斯的王弗得其山水灵气,生得蕙质兰心,娇俏可人。

传说,苏轼和王弗二人喜结连理,缘于一段"唤鱼联姻"的爱情佳话:

王弗的父亲王方,是一位颇有声望的乡贡进士,为一方宿儒。青神一处山壁下有一鱼池,遇游人拍手,鱼即争先恐后跳跃出来,乃奇异一观。他欲为之立个招牌,题个叫得响亮、可以名扬天下的名字,同时借此机会,为爱女招个乘龙快婿。于是,他请来当地青年才俊为奇景题名。

许多人自告奋勇,但取的名字不是俚俗,就是不鲜明,都落选了。末了,只见一个叫苏轼的后生不慌不忙地展开手中尺幅——"唤鱼池"。此中有鱼,呼之欲出,耐人寻味。

无巧不成书的是,屏风内王方的女儿王弗,亦心照不宣地在尺绢上题写了同样三个字,让侍女呈上来。

从来姻缘天注定,无缘对面不相逢。这一对璧人,未成夫妻,已即唱随。所谓天作之合原来如此。

"唤鱼池"不仅唤得鱼来,还唤来佳偶天成。无须"父母之命、媒妁之言",仿佛三生石上早已记录在案,月老的红绳,不早不晚,在他俩相遇的那一刻抛掷下来,牵系两颗年轻的心。很符合诗人美丽浪漫的向往。

琴瑟在御,莫不静好。苏轼和王弗,顺理成章地成为天地间琴瑟和谐的佳偶。

同龄人之间少有代沟,极易沟通。少年夫妻,喜好相近,名义上是夫妻,也许更多的是玩伴。这是一对儿人间仙侣。

桃之夭夭,灼灼其华。之子于归,宜其室家。

传说只是传说,真实的故事是:出身书香门第的王弗不仅知书达理,出乎苏轼意料的是,她对诗书竟然非常熟悉,而且记性甚好,常常让苏轼目瞪口呆,时有新异发现。

现代人都知道,夫妻间时有新异,才能让两个人的感情不陈旧,不迟钝,不厌烦,因为情感会在不断的发现中潜滋暗长,仿若燎原之火,冉冉升温。一千年前,聪慧乖巧的王弗掌握这个火候恰到好处。

苏轼在《亡妻王氏墓志铭》中说:

> 其始,未尝自言其知书也。见轼读书,则终日不去,亦不知其能通也。其后,轼有所忘,君辄能记之。问其

他书，则皆略知之。由是始知其敏而静也。

王弗刚嫁给苏轼时，未曾说自己读过书。婚后，每当苏轼读书时，她都陪伴左右，红袖添香；苏轼背书的时候，偶有遗忘，吭吭哧哧想不起来的时候，她便不动声色地从旁小声提醒。云开雾散，刹那间腹中诗书滚滚来。有时候，苏轼故意想考考她，试探地问她其他书，她都约略知道。

这个"约略知道"已然是了不得了。苏大才子博闻强识，可是真真正正的书袋子。在苏子面前弄斧，那得是要一番功力的。小女子得心应手，让苏轼知道，这个王弗小姐，不可貌相，竟是个"敏而静"、清心自持的主儿，实在难得。

曾有"幕后听言"的故事流传于世。还是那篇墓志铭，苏轼回忆爱妻昔日相夫教子的过往，感慨万千：

从轼官于凤翔。轼有所为于外，君未尝不问知其详。曰："子去亲远，不可以不慎。"日以先君之所以戒轼者相语也。轼与客言于外，君立屏间听之，退必反覆其言，曰："某人也，言辄持两端，惟子意之所向，子何用与是人言。"有来求与轼亲厚甚者，君曰："恐不能久，其与人锐，其去人必速。"已而果然。将死之岁，其言多可听，类有识者。

话说苏轼在凤翔做官的时候，王弗对苏轼在外面所作所为，达到"未尝不问知其详"的地步。不仅如此，还"垂帘听政"，在屏风后面"窃听"客人与苏轼的谈话，提醒苏轼，双亲不在身边，自己为人处世要格外谨慎小心。学会识人，对那些首鼠两端、见风使舵之人要有所戒备，加以防范。

苏轼在这里没有指名道姓说"那些人"是谁，但像章惇等后来对苏轼严加迫害的鼠辈，当初在凤翔都是与苏轼往来频繁的"朋友"。在这方面，苏轼惹出的麻烦还少吗？

苏轼这个活得热闹潇洒又不守规矩的才子，个性率真。用他自己的话说，"吾上可陪玉皇大帝，下可陪卑田院乞儿。眼前见天下无一个不好人"。遇到不爽心之事，"如蝇在食，吐之方快"，口无遮拦。

知子莫若父，这一点让父亲苏洵最最放心不下。纵然他有先见之明，用心良苦地为爱子取名为"轼"，试图警示他锋芒毕露必然会招致别人嫉妒暗算，希望他能适度收敛锋芒，善于掩饰、保护自己，也终是鞭长莫及。

做父亲的，总不能寸步不离地守着儿子，一招一式教导着去做。这样，督导的重任就落到王弗身上。终究，王弗不负父望。

王弗虽然年纪不大，却从小家教严格，性格内向、文静，和大开大放的苏轼属于互补型。受家庭耳濡目染，王弗对官场上的事情要比苏轼知悉得多。她时时谨记：夫妻事，夫妻共同分担。所以,这朵花开,不为倾城,而是以一颗敏感的心,长伴于夫君左右,尽心竭力以自己的聪慧佐助夫君辨人剖事,让他少走弯路。

聪明的女人,大多具有凭直觉判别好坏的非凡本领,她们天性中就对人际、对世事有着出色的洞察力。事实证明,王弗实有真知灼见。从苏轼的褒奖中可以看出,她对苏轼的劝诫,有时达到了可以针砭的地步。

所谓路遥知马力,日久见人心。苏东坡不得不承认,王弗的话总是很灵验。历经多次摔打后,他也就心悦诚服,对贤妻言听计从了。

可以这样说,在苏东坡刚出道的几年中,他的知识长进,政绩斐然,声名鹊起,与王弗这位贤内助是息息相关的。

不仅如此,这位贤内助,还经常对苏轼的激进行为,力挽狂澜,及时加以规劝和制止。

苏轼做了父亲以后,一次,带着儿子在家兴致勃勃地取松烟造墨,没想到,火焰滚滚,差点把自家的房子给烧掉。

苏轼,就是这般生性潇洒浪漫,甚至有些放荡不羁,如果没有身边人的忠言箴劝,不知要惹下多少麻烦。

苏轼曾这样回忆:

某官于岐下,所居大柳下,雪方尺不积;雪晴,地坟起数寸。轼疑是古人藏丹药处,欲发之。亡妻崇德君曰:

"使吾先姑在，必不发也。"轼愧而止。
——《苏轼文集》卷七三《先夫人不发宿藏》

秦朝就有方士为求长生修炼不老仙丹，到北宋，长生不死之梦依然大行其道，当时的刘敞喜欢挖掘青铜器，欲得古人所藏的仙丹。苏轼对道人炼丹之事，亦是痴迷到无以复加，所以看到一处不积雪，就怀疑是古人藏丹药处，甚至要掘地探丹。

王弗就说，如果婆婆在的话，肯定不会让你去挖丹药的。苏轼顿时为自己的冒失惭愧而止。

显然，对于王弗，苏轼的敬重大于对自我的放纵。在苏轼的心目中，贤妻良母王弗，已不自觉地充当了他行为的监督人，并且不经意地替补了母亲的位置。

"有识"二字，乃是古代对读书人的至高评价，苏轼用这两个字来形容自己的夫人，可见王弗在他心中的分量。

依苏轼信马由缰的个性，绝不会容忍他所不爱的人干涉他的事务，更不会让外人约束自己的行为。可是王弗对他的规劝，他不仅听从了，而且终生铭记在心。这也从另一个侧面印证了二人之间的平等关系和浓厚感情。

情投意合、相濡以沫——我想，这两个词用在他们俩身上恰如其分。

这个世界上，从来就没有最好的，只有最合适的。比如蓝天和白云，绿草和大地，比如我遇到你，以及你遇到我。

生性粗犷的男人，永远都需要好女人来打磨锻造。感谢上天垂爱，让苏轼遇到王弗。自此，苏王伉俪，双双携手出川，顺江东下。初涉尘世，官场凶险，虽是苏轼冲锋陷阵在前，背后的王弗却不敢有半点松懈，更谈不上安享清闲。她一直和他并肩栉风沐雨。

王弗，苏轼的贤妻芳伴，他的城，他的王。

第三章 【题名】

> 都说文人相轻,但在欧阳修这位宗师级的大文豪这里,爱才惜才,情深意切,没有半点虚饰,更无半点非难。看来,嫉贤妒能从来是凡人肺腑,真正的圣贤绝非如此。
>
> ——题记

相比现代年轻人纷纭浩繁的追求,古时候的男人活得相当单纯,生活目标也很单一。他们崇尚的人生三大喜事是:他乡遇故知,洞房花烛夜,金榜题名时。

他乡遇故知是可遇不可求的。古时候的交通不像现在这样四通八达,单身只影行走江湖,大都是"芳草碧连天""知交半零落",赶巧着没有早一步,没有晚一步,在西风瘦马的古道上邂逅老朋友,这样的际遇实在得依靠上天的恩赐。

而洞房花烛夜,则是常人都要经历的,每个男子都会走过这一遭,成为一个真正意义上的男人。

世人最看重的是第三喜,因为光宗耀祖、青史留名自古以来就是士人的最高理想。金榜题名,乃是经过个人努力奋斗,历尽三更灯火五更鸡,十年寒窗苦中苦,百炼成"钢"才得以实现的。所以,这一喜弥足珍贵。学而优则仕,一举成名,天下尽知,富贵近在眼前,于此,一生的境遇重新谱写。

宋仁宗嘉祐元年(1056年),对于苏轼来说,注定不同寻常。喜上加喜,新婚两年的苏轼完成人生的华丽开场。

是年三月,四十七岁的苏洵带着两个儿子,二十一岁的苏轼与十八岁的苏辙,千里迢迢,前往北宋都城开封(当时也叫汴京)参加科举考试。

这样的考试是不同寻常的,为这次考试的准备也是郑重其事、非同寻常的。

书山有路勤为径,学海无涯苦作舟。若想达到满腹经纶、博古通今的程度,取得盖世功名,除了勤奋苦读,没有任何捷径可走。这一点,"二十七,始发愤"的苏洵是深知利害的。所以老父亲苏洵,从自身做起,严格要求两个儿子鸡鸣即起,手不释卷。俩孩子很争气,也很听话,带着先天的优秀遗传基因,读书破万卷,为参加这次科举考试积累了深厚的学养。

"过五关斩六将"这句俗语说的是关羽连闯五道关口，斩杀曹操手下六员大将，历经诸多波折，最终冲破重重阻碍，前去投奔大哥刘备。苏轼兄弟同样也经受了这样的历练。不过，过的是三关，"斩"的是千将。第一关，嘉祐元年（1056年）七月，苏轼与苏辙首先参加了在京城开封府举办的举人考试。这场考试是礼部初试，相当于现在的全国海选，大浪淘沙，留下的都是金子。他们双双旗开得胜，晋级成功。

第二关，兄弟俩又参加了由朝廷礼部，也就是相当于现在的教育部组织的考试，接受高一规格——精英级别的甄选。宋仁宗嘉祐二年（1057年）正月二十一日，皇帝下诏：由欧阳修主持全国贡举考试，副考官有梅尧臣、韩绛、范镇等人。

考试日期定在二月三日至五日，地点在贡院。说起这贡院，给人的感觉就像是一所戒备森严的监狱，就连贡院内的小房间也被命名为"号舍"，又称"号房""号子"。号舍一字排开，形如长巷，故又称"号巷"，每巷以《千字文》中的汉字作为编号，但圣人名讳和"荒""吊"等凶煞诸字是避讳不用的。

号舍的标准长、宽、高分别是五尺、四尺、八尺，土墙土壁，莘莘学子在"号子"里一蹲就是三天，吃喝拉撒全在这里，可以想见当时的条件有多艰苦。同是莘莘学子，一考定终身，现代高考生可幸福得多了。

孔夫子老先生说：己所不欲，勿施于人。考生们也别心理不平衡。因为不光是考生们在考试散场前被武装关押,连监考、出题的考官们也和他们同甘共苦,在"监狱"中一起陪着。并且,为了防止考官和考生之间有什么猫腻,从开考日起一直到三月初放榜公布成绩,所有的考官都不得跟外界有任何接触,吃喝拉撒睡全在学士院,贡院也即"锁院"。重门深锁闻鹧鸪。

这一场考试题目是《刑赏忠厚之至论》,用现代白话文理解就是:请以古代君王奖惩赏罚都是本着忠厚宽大的原则为题来展开论述。这个题目不寻常,有点难为考生。需要考生具有丰富的历史知识,还要有强大的思辨能力。有道是难者不会,会者不难,这份考题对于苏轼来说,不过是小菜一碟。

苏轼大笔如椽,洋洋洒洒,一篇见解独到、析理深刻,文字质朴自然,笔力遒劲老到,字里行间充盈着大家风范的策论应运而生:

尧、舜、禹、汤、文、武、成、康之际,何其爱民之深,忧民之切,而待天下以君子长者之道也。有一善,从而赏之,又从而咏歌嗟叹之,所以乐其始而勉其终。有一不善,从而罚之,又从而哀矜惩创之,所以弃其旧而开其新。故其吁俞之声,欢休惨戚,见于虞、夏、商、周之书。成、康既没,穆王立,而周道始衰,然犹命其臣吕侯,而告之以祥刑。其言忧而不伤,威而不怒,慈爱而能断,恻然有哀怜无辜之心，故孔子犹有取焉。

《传》曰："赏疑从与，所以广恩也；罚疑从去，所以慎刑也。"当尧之时，皋陶为士。将杀人，皋陶曰"杀之"三，尧曰"宥之"三。故天下畏皋陶执法之坚，而乐尧用刑之宽。四岳曰"鲧可用"，尧曰"不可，鲧方命圮族"，既而曰"试之"。何尧之不听皋陶之杀人，而从四岳之用鲧也？然则圣人之意，盖亦可见矣。

《书》曰："罪疑惟轻，功疑惟重。与其杀不辜，宁失不经。"呜呼！尽之矣。可以赏，可以无赏，赏之过乎仁；可以罚，可以无罚，罚之过乎义。过乎仁，不失为君子；过乎义，则流而入于忍人。故仁可过也，义不可过也。古者赏不以爵禄，刑不以刀锯。赏之以爵禄，是赏之道行于爵禄之所加，而不行于爵禄之所不加也。刑之以刀锯，是刑之威施于刀锯之所及，而不施于刀锯之所不及也。先王知天下之善不胜赏，而爵禄不足以劝也；知天下之恶不胜刑，而刀锯不足以裁也。是故疑则举而归之于仁，以君子长者之道待天下，使天下相率而归于君子长者之道。故曰：忠厚之至也。

《诗》曰："君子如祉，乱庶遄已。君子如怒，乱庶遄沮。"夫君子之已乱，岂有异术哉？时其喜怒，而无失乎仁而已矣。《春秋》之义，立法贵严，而责人贵宽，因其褒贬之义，以制赏罚，亦忠厚之至也。

这篇文章让主考官、礼部侍郎、翰林侍读学士、当代文坛宗主欧阳修青眼有加。本来嘛，宗主这朱笔一勾，苏轼第一名实至名归。

"可是"，不得不说，古往今来，很多事情坏就坏在这两个字身上，本来是大河滔滔水到渠成的事。老欧稍加迟疑，事物就稍稍偏离了既定的运行轨迹：如此文采出自谁手呢？该不会是自己的得意门生曾巩（也就是后来名列"唐宋八大家"的曾巩）所作的吧？

如果将曾巩列为第一名，那就麻烦有点大，众人的眼睛会像刀子一般，保不准会向徇私舞弊、护犊子这样的方向削过来。那样，不言自己，曾巩也就无比麻烦了。就算欧阳修这样的大家也理所当然地具有大众心理，未能免俗。为了避免无谓的是非，欧阳修只得忍痛割爱，将这篇文章列为第二名。

他没能想到，他看到的天下第一文章，乃是来自眉山的小伙儿苏轼的大作。缘于欧阳修的一念之差，苏轼与第一名失之交臂。

常言说字如其人，每个人的字体在人世间都是独一份，不可复制。即便谁费尽功夫临摹得形似，那神韵也要差那么一点点儿，自个儿的字体一定会携带着自个儿的某种性格特征。不是欧阳修眼拙，连弟子的字体都看不出来。原来按照宋代科举的考试法规，为了防患于未然，坚决杜绝考官和考生徇私舞弊的现象，在试卷收齐之后，先由办事员将所有考卷登记在册，接着由书记员将所有考卷重新抄录一遍，然后将抄写好的试卷送交考官评阅。那个时代的书记确实是名副其实的书记，纯粹负责书写记事，不似现在政府官员。这样，最终落到考官手里的试卷，称为"糊卷"，统一格式，统一笔迹，既看不到作者的姓名，更无法辨认考生的笔迹，从而最大限度地保证了公平公正。可见宋代的科举制度在保密工作方面是可圈可点的，也是值得现代人借鉴的。

关于这篇文章，还盛传着一段佳话。文章的第二部分有这样一段论述：

> 当尧之时，皋陶为士。将杀人，皋陶曰"杀之"三，尧曰"宥之"三。故天下畏皋陶执法之坚，而乐尧用刑之宽。

这段话翻译成白话文就是：上古尧帝的时代，司法官皋陶三次要判一个罪犯死刑，尧帝三次赦免他。因此天下人都惧怕皋陶执法之严厉，而乐见尧帝用刑之宽仁。

文中的"皋陶"让腹有诗书的欧阳修百般不解：好好一个舜帝时期的法官，还曾被大禹举荐为继承人，怎么就成了尧帝的执法官了呢？难道是我记混了？我读的书不少了，这个典故怎么闻所未闻呢？

文坛盟主确实具有盟主之范儿，对待学术问题从来都是一丝不苟的。这个欧阳修,虽然在判卷子时没有武断地判错,但绝不像《皇帝的新装》里的皇帝、大臣那样装"聪明",难得糊涂下去,而是极具一竿子插到底的锲而不舍的劲头。对这个疑虑揣摩很久,有一天,恰巧苏轼来访,他马上提到这茬儿待解谜团:

"子瞻啊,你文中所用的这个典故出自哪本书?"

苏轼本就有些心虚,因为这典故是他开拓创新所作。但又不能实话实说,因为古人对于典故的引用是很讲究的,就随口答道:"那不是那啥,《三国志》孔融的故事里面的吗?"欲以搪塞过关。

没想到他这一次竟然遇到天下第一认真读书人。苏轼走后,欧阳修将《三国志》中有关孔融的部分细细研读,字里行间搜寻个遍,还是没有发现这个典故的出处,他更加纳闷了,即便自己老眼昏花也不至于如此吧。第二次见到苏轼,又穷追不舍地"请教"。

至此,再无退路的苏轼只能老老实实地交代:"这是我想当然编造出来的!当年曹操灭掉袁绍之后,将袁绍漂亮的儿媳妇赏赐给自己的儿子。孔融对此大为不满,说:当年武王伐纣,就将商纣王的宠妃妲己赏赐给了周公。曹操忙问此事的典故出自哪里。孔融说:想当然罢了,今天能发生这样的荒唐事,古代肯定也有。我想,尧帝为人宽厚,司法官非常严格,想当然,自然会发生这样的事吧。"(事载宋·杨万里《诚斋诗话》)

你说这苏轼,够胆大妄为、少年轻狂吧。这样作为,即便是在现代的学堂,也会招致不开明的老师一顿狂轰滥炸:这还了得,历史是任你想当然地张冠李戴、肆意篡改的吗?你怎么能这么自以为是,治学不严谨呢?

不是吗?现在就是写个论文,也得严格地标明引用部分的出处,不能有丝毫疏漏。

可是这位文坛宗师呢,不是一般地宅心仁厚,宽宏大量,对苏轼这般做法,人家一点也不恼,还夸奖苏轼发散思维好,具有开拓创新精神,非常欣赏。后来欧阳修多次对别人盛赞苏轼:"这后生善于读书,善于运用知识,举一反三,以后写文章一定会独步天下。"甚至情不自禁地慨叹,"读轼书,不觉汗出,快哉快哉!老夫当避路,放他出一头地!"又对自己的儿子说:"再过三十年后,不会再有人提到我的名字。"

当时,欧阳修任翰林学士、礼部侍郎实职,位高权重,众人敬仰。文章冠绝天下,又兼为天子左右臂膀,天下士子见其一面便足可炫耀半生,这是怎样一种尊崇。他这样高度地评价苏轼,苏轼又怎能不闻名天下呢?

每读到这里,都让人生出万分敬仰之情,为欧阳修宽广的胸襟、过人的见识和奖掖后进的热忱而深深感动!都说文人相轻,但在欧阳修这位宗师级的大文豪这里,爱才惜才,情深意切,没有半点虚饰,更无半点非难。看来,嫉贤妒能从来是凡人肺腑,真正的圣贤绝非如此。这样的圣贤，千秋万代都是圣贤，令后世敬仰。

考试的第三关，是由仁宗皇帝亲自主持的殿试。苏轼以"春秋对义"的答卷文章被取为第一名，与兄弟苏辙以及其他四百多位举子蟾宫折桂，成为同科进士及第。这一年苏轼二十二岁，苏辙才十九岁。古人喜欢说"三十老明经，五十少进士"，也就是说五十岁中进士都不算老，就连他们的父亲苏洵连年征战二十载，也是名落孙山，可见，苏轼兄弟俩真是出手不凡，英才出少年啊！

在这次考试中，估计怕重蹈覆辙，在俩孩子面前丢面子，苏洵没有参加。之前在省会成都的时候，他专门拜谒了当地名儒张方平，希望可以谋个一官半职。当时的官场上还盛行着这样一种潜规则，只要有官场巨儒的鼎力推荐，朝廷就可以任命官员。苏洵把自己的一部论为政之道、谈兵论战的重要著作呈献给张方平。张方平爽直而爱才，对他十分赏识，想留他在身边做成都书院教习。这本也算是一份好差事，可苏洵另有想法，执意进京。于是，古道热肠的张方平，撇开从前和欧阳修之间的不愉快，起草一封推荐信给欧阳修，大意是说苏洵是个不可多得的人才，可以委以重任，为国效劳。这欧阳修呢，前面说了，也是极其秉正之人，丝毫不因和张方平之间的嫌隙怠慢苏洵，而是以求才育才为己任，对苏洵热情提携，介绍他加入当时东京的文人圈子。欧阳修很赞赏他的《衡论》《权书》《几策》等文章，认为可与刘向、贾谊相媲美，于是向当朝宰相韩琦、富弼推荐苏洵。两位宰相对苏洵的文才赞誉有加，于是公卿士大夫争相传诵苏洵的文章，苏洵文名大盛。

　　三苏名动京师。眉山，这个距离京城千里之遥的西南小地方，亦因为名人效应而声名远播，令人心驰神往。

第四章 【蛰居】

即便我不言不语,你也应该知道我的意思一直在那里。全世界都可以不懂,如果你也不懂,那我还有什么必要开口?

——题记

就在苏轼兄弟名扬四海、在京师备受瞩目的时候,1057年4月,从老家传来噩耗:母亲程氏卒于眉山。无疑,这消息如同五雷轰顶。

自此,两兄弟与慈母阴阳暌隔。"慈母手中线,游子身上衣。临行密密缝,意恐迟迟归。"游子未回,苦等的人连俩孩子双双高中的喜讯尚未获悉,却已经驾鹤西去。音容宛在,想起兄弟俩再也不能膝下承欢,想起母亲大人平日里的含辛茹苦,谆谆教诲,怎不叫人痛不欲生，肠断天涯。

另外一个重要原因是，兄弟俩的这次仕途之旅不得不中道而止。

因为自汉朝始，就有"丁忧"的制度延续至今：百善孝为先。朝廷官员，即便当朝宰相，父母亲如若离世，自得知丧事的那一天起，必须返回祖籍守制二十七个月。《尔雅·释诂》记载："丁，当也。"此为遭逢、遇到的意思。"忧，居丧也。""丁忧"作为一种习俗，一种伦理，一种制度，一种文化，在数千年里根深蒂固。这是一项执行严格的制度，若匿而不报，一经查出，不仅要受到惩处，还要遭受世人唾弃。

世事无常，猝不及防，命运蓄谋已久，要给少年扬名的兄弟俩来个下马威。

也可以这样说，人生在每个阶段都会有遗憾，没有遗憾的人生注定是不完美的。人生就像爬山，山路十八弯，有风景就有惊险，一个转弯，你刚刚穿越山花烂漫，却不得不涉足一片泥泞，而脚下又濒临悬崖险途。天将降大任于斯人，成功的道路注定不是一帆风顺的。

苏家父子跋山涉水赶回家乡眉山。斯往返之途，风餐露宿、奔波劳碌自不必细说，昔时山水含笑，春风得意马蹄疾；而今雨恨云愁，肠断白蘋洲。一来一往的心境，当是天壤之别。

程氏的早逝，缘于疾病。这病的起因，除了积劳成疾，怕与丈夫苏洵也不无干系。

民间版本中，苏轼有个冰雪聪明的妹妹苏小妹，后来嫁给大才子秦少游，洞房花烛夜，苏小妹三难准新郎，以一句"闭门推出窗前月"让新郎官进退不是，左右为难，是大舅哥苏轼一粒小石子的点拨，才让他茅塞顿开，出口一句"投石冲开水底天"，欢天喜地洞房花烛去了。但据考证，历史上并无苏小妹其人。苏轼没有妹妹，倒是有个姐姐，名唤八娘（古时兄弟姊妹排行，一般是扩大到未出三服的族内本家，小姑娘在老苏家堂姐妹中排行居八，所以被称为八娘）。亲戚联姻亲上加亲，八娘嫁给了母舅家的表兄程之才。婚后感情不和，夫妻俩没有共同语言，不敢轻言幸福。另外丈夫常年在外做官，聚少离多，八娘性情内向，郁郁寡欢，生病了程家也不管不问，不给医治。得不到家庭、爱情的温暖的她，出嫁两年即抑郁而死。白发人送黑发人，这事让哪个做父母的遇上都是痛彻至骨。爱女心切且生性偏激孤傲的苏洵，便固执地认为是程家欺虐自己的女儿，致使爱女早亡，发誓与程家死磕到底。

苏洵素来一意孤行说到做到，后来不是连宰相王安石都敢血口痛骂吗？

文人一向崇尚文斗，喜好唇枪舌剑，口诛笔伐，苏洵在这方面堪称行家里手。他公开宣布与女婿家一刀两断，并且不留情面地写诗责骂诅咒程家，似乎这样做还是难解心头之恨，于是自费

修了一座"苏氏族谱亭",待亭子落成刻石立碑之际,大刀阔斧地以写碑文的名义把程家大大恶心了一番:

> 乡中"某人"恶行贯豪门,道德尽沦丧;逐幼侄独霸家产,宠侍妾欺压正妻。父子同饮纵情淫乐,家中女子丑名远播;全家势力小人欺下媚上,本人嫌贫爱富使人侧目;以金钱勾官府欺压良善;是三十里之大盗也。吾不敢以告乡人,而私以戒族人焉。

这一番痛骂真是酣畅淋漓,痛快非凡,出了一口恶气。却丝毫没有顾及妻子的感受,让夹在中间的妻子里外不是人,一面哀痛爱女青春早逝,一面又痛心和娘家结仇。古时候女子回娘家机会不多,但无论古今,对于一个女人来说,娘家无论何时都是她心中的根本。"言告师氏,言告言归。薄污我私,薄浣我衣。害浣害否?归宁父母。"《诗经·周南·葛覃》写的就是一个出嫁后的女子急着回娘家的话题,一个急切待"归"的女子形象跃然纸上。为人儿女,怎能六亲不认,和娘家为敌。亲不亲,连根筋。宁舍家财万贯,不舍娘家后代,这是古语。娘家是女人的根基,一辈子牢固的靠山。我想,任何一个女人,处在这样两难的地位,都不会心安理得,何况程夫人这个秀外慧中的女子。于是,她忧思成疾。

苏家父子三人风尘仆仆赶回家中，只见家中一派凌乱荒凉的景象。由于家中没有男丁支撑，程夫人已卧病在床一年之久，篱墙破烂不堪，有的屋舍还倒塌了，分外破落萧条。

程氏被三苏安葬在一个名叫"老翁泉"的地方，苏洵尔后即自号为"老泉"，苏洵百年之后也埋葬于此。

程氏含辛茹苦服侍丈夫和孩子这么多年，夫妻二人相濡以沫，感情甚笃，可谓良师诤友。

程家是眉山望族，她这个大家闺秀嫁到平民之家，丝毫不抱怨，换上布荆裙钗，洗手作羹汤。即使生活偶尔捉襟见肘，也绝不麻烦娘家。知书达理、受过良好家庭教育的她，贤德，有气度。

苏洵不喜读书。她，不言，不语。

苏洵进士不第，铩羽而归，径自去外面游山逛水排遣惆怅，让程氏在家独自支撑门户。她还是不言不语。

苏洵二十七岁时，问她："我想闭门读书，可读书太浪费时间，你怎么想呢？"

程氏这才开口，说："我早想和你说这事了，不过如果因为我的原因读书，你不乐意，太没劲了。你安心读书吧，家里琐碎有我呢。"

苏洵从此放下思想包袱，撇下生计大事，一门心思做学问。夫人一个人忙里又忙外。

沉默是一种最深切的定力。因为尊重，所有的深情更动人，我只是假装不在意。

即便我不言不语，你也应该知道我的意思一直在那里。全世界都可以不懂，如果你也不懂，那我还有什么必要开口？

明理而又坚韧，程夫人当如是。

如今苏洵回来了，这个好女人却独自去了，连最后一面都没见着。苏洵的心情可想而知，他在祭妻文中说：

我知母心，非官实好，要以文称……昔予少年，游荡不学；我知子心，忧我泯没。感叹折节，以至今日……有蟠其丘，惟子之坟。凿为二室，期与子同……嗟予老矣，四海一身。自子之逝，内失良朋。我归旧庐，无不改移。魂兮未泯，不日来归。

悲哀、怜惜之情溢于言表。

这期间的一年又三个月，苏轼和苏辙居丧守礼，蛰居在家。《礼记》云："居丧未葬，读丧礼；既葬，读祭礼。"说的是古时儿子守丧在家，要读有关丧祭的礼书。

当然，有关丧祭的礼书是要读的，但是，四百多个日日夜夜，闲暇还是很多的。这期间，苏轼兄弟度过了一段无忧无虑、相对轻松的生活。

功成名就，俩孩子都成为饱学之士，老苏也不好意思再督促他们头悬梁、锥刺股，昼夜苦读以求功名了。之前，老苏对待孩子们的功课可是从不放松的，以至于步入晚年的苏轼，有一次在梦中还为未完成父亲大人布置的学习任务而忧心忡忡：

夜梦嬉游童子如，父师检责惊走书。
计功当毕《春秋》余，今乃始及桓庄初。
怛然悸寤心不舒，起坐有如挂钩鱼。

这首题名为《夜梦》的诗，是六十多岁的苏轼被贬至儋州时写下的，意思是说：晚上梦见自己小时候由于贪玩儿，当天按计划本应该读完《春秋》这部史书，结果才读到桓公庄公部分，不及全书的三分之一。担心父亲来检查功课，所以感到心里不踏实，好像嘴里挂了鱼钩的小鱼一样惴惴不安。

是时，苏轼历经官场沉浮四十余载，风颠浪簸什么没经历过，不过，还是为这极小的事惊出一头冷汗。可见，当年父亲教育之严格，幼小的他记忆之深刻，辗转成梦多少年。这亦给后人以借鉴：所谓天才加勤奋才得以成功，自古如是。即便天资再好，没有勤奋努力为之后盾，也将江郎才尽，于事无补。

苏洵是个开明的家长，苏轼的岳父王方亦是进步人士。于是，"丁忧"的日子里，苏轼就成了王方的座上宾。青神是个山清水秀的好地方，苏轼好山水，算是一见如故，很投缘。苏轼与岳父家族内年龄相仿的男性成员游山逛水，在野外饮酒嬉玩，乐此不疲。生性狂放、才华横溢的苏轼，其间也有不少诗作，无奈均已散佚，不无遗憾。

第五章 【南行】

> 诗人自有一双灵秀目,还有一颗玲珑心,眼有所观,耳有所感,以所观所感,触动其丰沛的内心世界,使灵感江河澎湃汩汩而来,成功地"发于咏叹",无不"充满勃郁而见于外"。
>
> ——题记

嘉祐四年(1059年),苏轼兄弟居丧满期之后两个月,父子三人连同两个儿媳,举家迁往京师。

人到老年,需要面对的一件大事就是陪伴自己一辈子的老伴先行一步离自己而去。在世的一方,一时难以走出痛苦,给自己的身心带来创伤。但生老病死是自然规律,人人都要走这一步,活着的人必须调整心态，适应这种变化，消除悲哀，开始新的生活。

此时的苏洵，老妻已故，他再无牵挂，准备从此背井离乡奔向仕途，四海为家。

苏洵使人请了六尊菩萨像：观世音菩萨、势至菩萨、天藏王、地藏王、解冤王者、引路王者。他把它们分别安放在两个镀金的佛龛中，供奉在极乐寺的如来佛殿里，希望这六尊菩萨保佑自己和两个儿子前程锦绣，护佑一家老小平安抵达京城。

临行之前，他带着儿子儿媳去向亡妻之灵告别，祭文的最后一句是："死者有知，或升于天，或升于四方，上下所适如意，亦若余之游于四方而无系云尔。"这是在告诉妻子：老伴儿啊，我这就要出门去，不能在这里与你厮守，你自己想去哪儿随意好了。

祭文可以这样写，大有"风萧萧兮易水寒，壮士一去兮不复还"之壮烈，足见苏洵之旷达。若能一切随之去，便是世间自在人。如此辞行，耐人寻味。

这一次举家出川，他们没有走旱路，从剑阁翻越秦岭东下，而是选择水路，顺水荡舟。一路当然不似太白"千里江陵一日还""轻舟已过万重山"。千里水路，凶险难卜，他们探幽访胜，尽览山川形胜，体味山光水色。

九月，苏家一行由眉山登舟，经嘉州、顺岷江、长江而下，出三峡、过江陵，于第二年二月抵达汴京。

一路上，父子三人游览了大江两岸的名胜古迹，观赏了巴蜀湘赣的壮丽河山，凭吊了屈原塔、昭君村，拜谒了诸葛故居，体察了沿江一带的风土人情。

其时，苏氏父子已名动京师，文章播于天下。此一去，鹏程万里，前途无限，父子三人格外意气风发。舟中无事，博弈饮酒，吟诗作赋，弹琴高歌，写下百余首诗篇，结集谓之《南行集》。其中苏轼有诗四十首，这些准确地捕捉了江山神韵，生动地描绘出三峡风光的诗篇，彰显了年轻诗人的出众才华，是他一生近三千首诗歌的发轫之作。

长江三峡西起奉节县白帝城，东至宜昌南津关，全长一百九十三公里。沿途两岸奇峰突兀、峭壁林立，自西向东依次为瞿塘峡、巫峡、西陵峡。瞿塘峡位于奉节境内，长八千米，是最短的一个峡谷。瞿塘峡虽短，却"镇渝川之水，扼巴鄂咽喉"，有"西控巴渝收万壑，东连荆楚压群山"的恢宏气势。西端入口处，两岸断崖壁立，相距不足一百米，形如门户，名夔门，山岩上篆刻着"夔门天下雄"五个雄浑大字。

"夔门通一线，怪石插流横。峰与天关接，舟从地窟行。"这四句诗生动传神地刻画出瞿塘峡的峭拔险峻。峡口的江面最窄处仅数十米，两岸的山峰凌厉如削，岩壁高耸，最高竟达千米以上，大江在悬崖绝壁中浩荡奔流，山峰如同和天连接在一块，江上小舟如同在地窟里穿行。仰目而望的你，不能不一次次膜拜大自然的鬼斧神工。

自昔怀幽赏，今兹得纵探。长江连楚蜀，万派泻东南。
合水来如电，黔波绿似蓝。余流细不数，远势竟相参。
入峡初无路，连山忽似龛。萦纡收浩渺，蹙缩作渊潭。
风过如呼吸，云生似吐含。坠崖鸣窣窣，垂蔓绿毵毵。
冷翠多崖竹，孤生有石楠。飞泉飘乱雪，怪石走惊骖。
绝涧知深浅，樵童忽两三。人烟偶逢郭，沙岸可乘篮。
野戍荒州县，邦君古子男。放衙鸣晚鼓，留客荐霜柑。
闻道黄精草，丛生绿玉篸。尽应充食饮，不见有彭聃。
气候冬犹暖，星河夜半涵。遗民悲昶衍，旧俗接鱼蚕。
板屋漫无瓦，岩居窄似庵。伐薪常冒险，得米不盈甔。
叹息生何陋，劬劳不自惭。叶舟轻远溯，大浪固常谙。
矍铄空相视，呕哑莫与谈。蛮荒安可驻，幽邃信难妉。
独爱孤栖鹘，高超百尺岚。横飞应自得，远飔似无贪。
振翮游霄汉，无心顾雀鹌。尘劳世方病，局促我何堪。
尽解林泉好，多为富贵酣。试看飞鸟乐，高遁此心甘。

——《入峡》

苏轼的这首五言长篇排律，写的是入夔门后所见所感。

"合水来如电，黔波绿似蓝。余流细不数，远势竟相参。"写巫峡水势，可谓浩荡，近乎凶猛。滚滚江流似骏马般不羁，冲破暗礁险滩，一浪席卷一浪，呼啸而去，让你似乎能感受到朵朵浪花舔上脸颊。

"入峡初无路,连山忽似龛。萦纡收浩渺,蹙缩作渊潭。风过如呼吸,云生似吐含。坠崖鸣窣窣,垂蔓绿毵毵。冷翠多崖竹,孤生有石楠。飞泉飘乱雪,怪石走惊骖。"这几句描写更为壮观,形象灵动,声色传神。唐代诗僧皎然在《评论》中说:"诗固当绎虑于险中,采奇于象外,状飞动之趣,写真奥之思。"苏轼的诗句充满这种"飞动之趣",在他的笔下,巫峡峡长谷深,群峰如屏,层峦如聚,云腾雾绕,江流宛转,船行峡中,时而大山当前,石塞疑无路;忽又峰回路转,云开别有天。

渊潭,绿蔓。崖竹,石楠。飞泉,怪石。苏轼学力、才力兼胜,以最自然之物,最突兀之境,神与物游,意与境会,为巫峡留下一幅铺叙展衍的画卷。其纵横恣肆、风格独具的夸张、拟人和比喻,使诗章清新豪健,意象开阔,令人玩味不尽。清王文诰案:"通幅整暇,自能入妙。"纪昀批曰:"刻意锻炼,语皆警峭,气局亦宽然有余。"这样评价,没有理由提出异议。

另有一首在荆州途中写的《江上看山》一篇,亦铿然有声。

> 船上看山如走马,倏忽过去数百群。
> 前山槎牙忽变态,后岭杂沓如惊奔。
> 仰看微径斜缭绕,上有行人高缥缈。
> 舟中举手欲与言,孤帆南去如飞鸟。

诗人坐在船上看山，群峰逶迤，各具神采，他看得太专注，并没有注意到船在移动，只看到连绵不断的两岸青山，群马奔腾般于眼前倏忽而过。前面的山峰，山势错落不齐，速度太快了，以致乱糟糟不成马的样子。后面的山岭，如受惊的马群乱了队形，一个个顾头不顾腚，挤挤挨挨逃命似的向前奔跑。盘旋曲折的山间小道上，似乎影影绰绰有一两个踩着云彩在走的行人，诗人欲上前打个招呼道声问候，帆影已如一只孤独的飞鸟般，向南驰过另一座山头去了。他们父子，何尝不似凌空飞鸟，奔向广阔天空。

这八句诗，让你不能不肃然起敬，由衷地赞一句：太形象了，如在目前。用专业术语来讲，就是一个"随物赋形"，视觉构成和语言方式极具画面感。

苏轼脱口而出这样的诗文不奇怪，因为他一向崇尚文贵自然，诗也一样，不须为作文而作文，作诗而作诗，一定要到胸中有话，到"不能自已"不吐不快的程度，才步步踱云，吟出妙语佳句。他在《南行前集叙》中说道："山川之秀美，风俗之朴陋，贤人君子之遗迹，凡耳目之所接者，杂然有触于中，而发于咏叹。"诗人自有一双灵秀目，还有一颗玲珑心，眼有所观，耳有所感，以所观所感，触动其丰沛的内心世界，使灵感江河澎湃汩汩而来，成功地"发于咏叹"，无不"充满勃郁而见于外"。

渔村把酒对丹枫，水驿凭轩送去鸿。

道路半年行不到,江山万里看无穷。
故人草诏九天上,老子题诗三峡中。
笑谓毛锥可无恨,书生处处与卿同。

——陆游《水亭有怀》

有志之士虽然所生年代不同,性情不同,但是骨子里总有许多相似之处,一样仰望,一样认同。同是三峡游,读放翁这首《水亭有怀》,不得不叹:英雄所见略同。

第六章 【三苏】

> 一门父子三词客,千古文章四大家。
>
> ——**清代张鹏翮**

华夏民族自古以来就崇尚光大门楣这么一回事,好男儿或建功立业,青史留名;或饱读诗书,三甲及第,衣锦还乡,以告慰父母,使家族后世引以为荣。

这是国人的伟大理想,是特别了不起的大事件。

这个理想仰之弥高,奈何手可摘星辰的人如凤毛麟角。众生芸芸,凡夫俗子宛若大树的叶子、沙滩的沙土粒一般密密麻麻,满目皆是,能够出人头地的实在少之又少。

眉州眉山城的苏家,"一门父子三词客,千古文章四大家",父子三人在唐宋八大家中各有一席之地，千年难寻。

纵观古今，也就是汉魏时期的三曹——曹操、曹丕、曹植父子，世人称之"公安三袁"的明代晚期三位袁姓的散文家袁宗道、袁宏道、袁中道兄弟，可以分庭抗礼。

宋人王辟之《渑水燕谈录·才识》记载："苏氏文章擅天下，目其文曰三苏。盖洵为老苏、轼为大苏、辙为小苏也。""三苏"的称号由此而来，名扬天下。

有人说苏洵入选"唐宋八大家"是由于两个奇才儿子的缘故，后人给的面子，其实不尽然。苏洵自有他的精彩，有他深厚的资本让后世敬仰。

孔子晚年有三句话对后世影响足够大：

一、时也，命也；二、慎始，善终；三、尽人事，听天命。

这三句话告诉世人，机遇对人生至关重要，有时候抓住一两个，扼住命运的喉咙，足以影响人一辈子。所以说人生面临的每一次抉择都至关重要。一旦做出选择就要坚持不懈做下去，无论有多么艰辛不易，你只管努力去做，老天爷会给你一个好的交代。虽然这般说法有点唯宿命论，但入情入理。就像那句现代人经常挂在嘴边的话：你若盛开，蝴蝶自来。你若精彩，天自安排。

用孔夫子这三句话来注释苏洵的一生倒是很恰当，他老人家付出艰辛，也得到了命运的格外垂青。经他一手栽培，苏家出了苏轼、苏辙这样的一代文豪，尤其是才华横溢，雄视古今，"千古一人，罕见其匹"的苏轼，缔造了北宋文坛一个神话。

苏洵老先生也是上天缔造的一个精英。这位精英的背后站着他同样是精英的父亲苏序。

苏序，苏洵的父亲，也就是苏轼兄弟的爷爷，虽然只是乡野人家的一个小老头儿，平凡却非等闲之辈，是一个有故事、有内涵的人。苏轼出生时苏序六十三岁，庆历七年（1047年）五月十一日，殁于眉山家中。享年七十五岁。

在苏轼的印象里，祖父是个非常有趣的怪老头。他不喜读书，略知大意而已，爱好作诗，不循章法，以诗抒怀，自娱自乐而已。他容貌英武，乐善好施，性情豪爽，不拘礼节，"无一事不快乐"，是天生的乐天派。这在苏洵的《苏氏族谱》中也有具体表述，苏洵形容父亲"表里洞达，豁然伟人也"，"性简易，无威仪，薄于为己而厚于为人，与人交，无贵贱皆得其欢心"。说他豁达开朗，宽和友善，所以人缘好，受人爱戴，这是顺理成章的事。在《苏廷评行状》一文里，苏轼讲了祖父的一些逸事。

苏序爱喝酒，颇有些酒量。有一天，苏序正和几个田间老头儿喝得酣畅淋漓之时，二儿子苏涣封官的文书寄来了，官服，官帽，上朝用的笏板等一应俱全。苏序醉眼蒙眬，取过文书，向乡亲们高声宣读后，开怀大笑一通，随手将文书与官服、官帽、笏板等物一股脑儿塞进两个布口袋里，还有手里一块吃剩的牛肉，也一并扔进口袋里。他让村童挑上这两只布口袋，自己则翻身骑上一头毛驴,摇头晃脑,一路哼着小调进城来。让也是进士及第,欢天喜地大肆铺张庆祝的程家大跌眼镜,直翻白眼。这样的表现在今天来看都是异数,好一位个性不羁的老人。

一段时间,眉山当地纷纷传说有个叫茅将军的神法力无边,装神弄鬼的阴阳先生借机推波助澜。不久,一座供奉茅将军的大神庙修建起来了。信徒畏惧,纷纷前往烧香祈祷,始作俑者趁机讹诈捞钱。苏序很气愤,一天,借着酒醉,抡着铁锤冲进神庙,将茅将军塑像砸得稀里哗啦,片甲不留全部掼到河里,百姓无不拍手称快。

所谓隔代遗传,苏东坡的旷达、乐观、善良、天真的性情,完全脱胎于祖父的不羁。

灾荒之年,为了救急,苏序卖掉田产买来粮食救济饥民。乡亲们感激不尽,丰年之时,拿米粮来报偿他,他笑着摆摆手说:我本来就打算卖掉这些田产,跟你们没关系。

做人做到如此厚道的份儿上,也是人间少有。

苏序在乡间种田时,把为数不多的田亩全部种上稻谷,但他不像别人家那样储存很多大米,而是等稻谷收割后,拿米换稻,储藏起来,有三四千石之多。有人纳闷问他为什么这样做,他只是笑笑。之后遇到灾年歉收,苏序就拿出自己粮仓里的稻谷分给大家,先送族人,然后送亲戚,再送佃户和穷人,使他们都安全度过凶岁。这时人们才恍然大悟,见识了这个有头脑、有远见、有非同寻常思维的老人的高明之处。原来稻谷得之谷壳护佑，可藏数年。而稻米遇到潮气，极易霉坏变质。如此洞见能力，不能不让人肃然起敬。

在孩子的教育问题上，他也具有超前的思想意识。苏轼在《苏廷评行状》文中讲：自从五代动乱以来，蜀州求学上进的人减少，又都留恋乡土，不愿意出来做官。但是苏序的想法不一样，他送儿子苏涣到学馆读书，勤于督促。等到苏涣以进士的身份谋到官职回到家乡，眉州的百姓争相来访，把这作为无上荣耀的事，都效仿苏氏的方法教导子孙后代读书上进，谋取功名。

据记载，两宋期间，眉州共有八百八十六人考取进士，史称"八百进士"，成为中国历史上著名的"进士之乡"。连仁宗皇帝也禁不住金口大开，"天下读书人皆在眉州"。

有教无类，对于小儿子苏洵，他采取的则是自由发展、自谋生路的教育方式。这也是夫子"因材施教"的教育理论结的一枚丰硕成果。可以这样说，因材施教在老苏家是传统。

苏洵小时候对学习兴趣不大，二十七岁以前，还不能熟知诗书。苏序从来不过问他的学习。有人不理解他为什么纵而不问，他也不多解释，只说："我的儿子还用担心他不学习吗？"后来，果不其然。

在唐宋八大家里，苏洵是唯一没有进士资格的一位。唐宋时代，崇尚"学而优则仕"，因此，不是科班出身的他，仕途多舛，虽然被张方平、雷简夫誉为"王佐之才"，得到一代文宗欧阳修的赞誉，甚至令当朝宰相韩琦、富弼等青眼有加。但在这个世事纷纭的世界，即便你有通天彻地之才，也不能一下子就找到用武之地。只因官职卑微，身处江湖之远，心忧庙堂的他，无法施展自己远大的政治抱负。嘉祐六年（1061年），苏洵奉命编纂太常因革礼书，治平三年（1066年）四月，在八品官位上谢世，享年五十八岁。

没有进士资格并不能说明什么。只是他不喜欢死记硬背，不善于诗赋和骈体文，不适应当时的科考制度罢了。历史上才学卓著而没有进士身份的人才很多，李白、杜甫、孟浩然、温庭筠、辛弃疾等翘楚都不具有这张官场通行证。

苏洵擅长散文，他的政论主题突出，笔势雄健，"就像一位高明的建筑大师，把文章的内容和形式有机地统一在一起，独具匠心地设计出一幢幢风格各异的建筑"。

清人邵仁泓在《苏老泉先生全集序》中说：

> 二苏具天授之雄才，而又得老泉先生为之先引，其能卓然成一家言，不足异也。老泉先生中年奋发，无所师承，而能以其文抗衡韩、欧，以传之二子，斯足异已。间尝取先生之文而读之，大约以雄迈之气，坚老之笔，而发为汪洋恣肆之文，上之究极天人，次之修明经术，而其于国家盛衰之故，尤往往淋漓感慨于翰墨间。先生之文，盖能驰骋于孟（子）、刘（向、歆）、贾（谊）、董（仲舒）

之间，而自成一家者也……上继韩、欧，下开长公（苏轼）兄弟。

意思是说，苏轼兄弟天赋异禀，又有父亲培养，能成一家，不足为奇。苏洵发愤既晚，又无师承，全靠自己饱览群书，自学成才，而大器晚成，文章雄迈豪放，汪洋恣肆，能与孟子、刘向、刘歆、贾谊、董仲舒抗衡，上继韩愈、欧阳修，下开苏轼兄弟，非常了不起。

这个观点天下认同。

在很多方面，苏洵都有过人之处。

首先他是一个德才兼备、身体力行、教子有方的好父亲。

做个好父亲是男人终身的事业。作为终身的事业，如何能够做到足够好？

说难亦不难，简单到做好两件事即可。

第一件事就是为孩子做个好榜样。作为父亲的苏洵，"榜样引领，精神导航"相当到位。

苏洵骨子里清高自傲，夫人程氏的娘家是眉山大户，有权有势，富甲一方。但他不卑躬屈膝，曲意逢迎，不因对方强权而降低自己的人格，不卑不亢，爱憎分明。这在他撰写的"苏氏族谱亭"的碑文里得到切实证明，一般人是很难做到的。

二十七岁开始发愤的苏洵，读书的态度和以前大相径庭。有一年端午节,他在书房埋头苦读,贤惠的程夫人剥了几只粽子,端一碟白糖送到他的书桌旁,怕打扰他悄悄走开了。近午时分,夫人来收拾盘碟,发现盘里的粽子已经吃完,糖碟原封未动,然而却在砚台的四周,看到遗落下不少的白色米粒,再看苏洵的嘴边,也是黑白斑斑,黑的是墨汁,白的是糯米粒。原来苏洵只顾专心读书,把砚台当成糖碟,蘸墨就食。虽然这件事真假有待考证,但至少证明苏洵后来的闭门用功绝非浪得虚名。

榜样的力量是无穷的。父母是孩子的启蒙教师也是首席教师。父母对孩子的影响是潜移默化的,他们的教育对孩子的语言习惯、行为习惯、待人处事方式、认识世界的方式,都具有很大影响。父母的一举一动都将投射在孩子幼小的心灵中,甚至打上深深的烙印。教会孩子做人比教会孩子学习更重要,孩子的自信宽容、乐观坚强、热情幽默、敬业负责、关怀合作等,更多的是从父亲身上汲取的。

成年后的苏轼兄弟刚正不阿,不畏强权,做官、做学问勤奋不怠,与父母的耳濡目染是分不开的。

好父亲要做的第二件事就是陪伴,和孩子一起成长。

苏洵没有所谓的大家长作风,他身体力行,和俩儿子一起读书,一起讨论。读书与时事相结合,评古论今。一次读到宰相富弼的一篇文章,内容是警诫士人,认为提议打仗的人都是替自己的利益考虑,希望建功立业,如果要发动战争,君王要承担祸患,对国家百害无益。苏洵问苏轼:"历史上有没有类似的事例?"苏轼不假思索地说:"汉武帝时,严安告诉过汉武帝,打击匈奴,不利于国家长治久安。"这时的苏轼只有十来岁,他们讨论的却是军国大事,多么了不起。

苏辙后来回忆说:"惟我与兄,出处昔同;幼学无师,先君是从;游戏图书,寤寐其中。""读书犹记少年狂,万卷纵横晒腹囊。"意思是小时候和哥哥跟着父亲读书,醒着与睡着都在读书,万卷文章在腹中,需要时常拿出来晒一晒。

苏洵教导儿子:"士生于世,治气养心,无恶于身,推是以施之人,不为苟生也,不幸不用,犹当以其所知,著之翰墨,使人有闻焉。"士子修身、齐家、治国、平天下。要做官,就用自己的才学来治国安民。不做官,就退而修书,让自己的思想流芳于世。成年后的苏轼和苏辙秉承的即是父亲的这种经世哲学。

书籍,可以衍生巨大的力量。它呈现的是系统的知识归类和梳理,通过咀嚼升华,触类旁通,形成完整的知识体系,支撑着一个个从书中走出来的仁人志士,形成强大的精神和信仰,加之对事物的精确领悟,付诸努力,当战无不胜。

作为未成年人,他们在生活上需要无微不至的关心和照顾,更需要深入灵魂的陪伴和精神上的引领。父亲这个称号意味着坚毅,意味着责任与担当。孩子和父亲在一起得到的安全感、信赖感、温馨感和亲密感,对孩子的心理健康发育、形成健全人格具有长远意义。所以说陪伴是父亲不可或缺的一部分工作。

作为父亲的苏洵,"榜样引领"和"陪伴陪读"两件事都做得很到位。他带着两个儿子大量阅读经书、史书和文选,以自己多年游历和读书的心得,指导孩子写文章剔除繁芜,直奔精华,少走很多弯路。当时朝野上下,写文章只追求文采骈俪,却不顾及思想感情的真实表达的酸腐文人比比皆是。苏洵坚决抵制这种风气,教孩子们写散体文,关心国家大事,并时刻告诫他们,写文章力求"言必中当世之过",教会他们要有务实的学习态度。这番举措,恰好契合了多年以后朝廷科举选拔的标准。嘉祐二年(1057年),欧阳修知贡举。这位宋朝古文运动的旗手,一向厌恶无病呻吟的文章,在他取得绝对话语权后,将延续了百年的程文考卷全部黜落,所取文章,都是言之有物、论之成理的"古文"。于是,苏轼兄弟脱颖而出。

据说,兄弟俩登科及第时,苏洵看着两个儿子一举成功,而自己却曾是科场的败将,非常感慨:

莫道登科易,老夫如登天。莫道登科难,小儿如拾芥。

——《自嘲》

仰天长叹,酸楚而欣慰!这四句足以触动天下父母的温软情怀。彼时的苏洵,眼眶含泪但朗朗笑着。

青出于蓝而胜于蓝。培养出这么两个出色的儿子，是作为父亲这个角色实现的最大价值。

三苏不仅在文学史，而且在政治史、思想史、史学史、艺术史上都有巨大的成就和崇高的地位。

后世为了祭祀三位文渊巨匠，在眉山市城西修建了供舍，"三苏祠"原本是约五亩见方的苏家故居，明代洪武元年（1368年）改宅为祠，清康熙四年（1665年）又在原址上重新修缮，历经千载风雨沧桑，现成为占地一百亩的古典园林。

林断山明竹隐墙。乱蝉衰草小池塘。翻空白鸟时时见，照水红蕖细细香。

村舍外，古城旁。杖藜徐步转斜阳。殷勤昨夜三更雨，又得浮生一日凉。

——《鹧鸪天·林断山明竹隐墙》

庭院内绿柳小桥，一弯清溪绕红墙。古木扶疏，竹吟细细。曲院风荷，青苔茵茵。三分水、二分竹的"岛居"秀色，俨然东坡黄州乡间幽居的诗情，兼而又有"水风清，晚霞明。一朵芙蓉，开过尚盈盈"的画意，和子瞻诗文相得益彰。

"一门父子三词客，千古文章四大家"，是清代张鹏翮题在"三苏祠"大门两边的一副楹联，词约意丰，是为大雅，深入人心。

大殿之上有清人杨庆远题字:

　　宦迹渺难寻,只博得三杰一门,前无古,后无今,器识文章,浩若江河行大地;
　　天心厚有属,任凭他千磨百炼,扬不清,沉不浊,父子兄弟,依然风雨共名山。

这是古人的赞誉,也是历史的评价。
"凝练老泉,豪放东坡,冲雅颍滨。"三苏实至名归。

第七章 【仕旅】

> 所谓头角峥嵘,光芒四射;所谓笔落惊风雨,诗成泣鬼神,苏轼也!
>
> ——题记

三苏一行安全抵达京城开封后,他们置办下一座附带着后花园的宅院,这座宅院远离繁华喧嚣的闹市,房前屋后绿树环抱,古雅幽静,就像是默默矗立在这里,已经等候他们多年,一家人甚是满意。

待一切安顿妥当,父子三人便静等朝廷召唤了。

不久,苏轼的长子苏迈出生,添丁进口,苏宅喜气盈门。在此期间,苏轼兄弟参加了两次考试,一次是考京都部务,另一次是制举考试。对这两个学霸来说,考试根本不是事儿,即便是北宋王朝最高规格,由皇帝特别下诏并亲自主持、亲自命题来选拔人才的制举考试,也不在话下。

制举考试不是随便谁都可以报名参加的,要经过复杂的程序。首先,需要朝中重臣、文坛宿儒的推荐,然后经过六名考官考核筛选,再优中择优,最终的合格者才能参加由皇帝亲自主持的考试。由于门槛高、级别高,制举开设次数极少。两宋三百年间,只举行过二十二次制举考试。资格审查也极为严格,参加考试的人很少,考中的人更少。两宋进士将近四万人,够格参加制举考试的却只有四十一人,可谓千里挑一。

苏东坡的推荐人是文坛盟主欧阳修,苏辙的推荐人是龙图阁直学士杨畋,都是当朝鼎鼎有名的人物。据说,考试前苏辙突发疾病,眼看着要错过这千载难逢的大考,一家人着急得不得了,没想到这件事竟惊动了朝堂。宰相韩琦为此专门奏明宋仁宗说:"今岁应召制科之士,唯苏轼、苏辙最有声望,今闻苏辙偶染病,未可试,如此兄弟中一人不得就试,甚非众望。"

为了能让苏辙顺利参加考试,韩琦请求皇上推迟考期。更难得的是,宅心仁厚的仁宗皇帝竟然还准奏了,将考期延至九月。

考试前夕,宰相韩琦曾和下属闲聊:"我很奇怪,二苏在此,竟还有这么多人敢来和他们较量,看来缺少自知之明的人还真不少啊!"

宰相此言既出，原已被选中的人竟然弃考十之八九，二苏名扬天下，可见一斑。

仁宗皇帝求贤若渴，又抱负满怀，在制科考试中设置贤良方正能直言极谏、博通坟典明于教化、才识兼茂明于体用、详明吏理可使从政、识洞韬略运筹帷幄、军谋宏远材任边寄等六科，希望天下有志之士大胆批评朝政，为江山社稷建言献策。

宋人郎晔考证，苏轼应的是"贤良方正能直言极谏科"，这和苏轼后来的自嘲极为吻合，在经历了无数坎坷之后，苏轼不无感慨："当年应制科考试，成绩甚优，于是飘飘然自以为真的可以'直言极谏'了。殊不知直言一回灭一回，如今竟灭到黄州来了。"这是后话。

苏轼以五十篇策论通过制举考试，他洋洋洒洒，下笔千言，针砭时弊，内容涉及边防战事、皇帝宫闱、政府政策、朝臣昏庸等，指点江山，激扬文字，最终以"文义灿然"，被仁宗皇帝及欧阳修、司马光等主考官推举为制科考试的第三等。

宋代制科选士分五等，一、二等形同虚设，从来都是空缺，所以东坡的第三等其实就是第一等。其次为三次等、四等、四次等，以及被判为不及格的第五等。宋朝开国以来入第三等的，也仅有过叫吴育的一人，而且吴育入的还是第三次等，论等次苏轼比他高了半格，所以，这次苏东坡是大宋朝开国以来唯一的横空出世的头等状元，旷古奇才。当然，弟弟苏辙也不负众望，被选入第四等。

这一年苏轼二十六岁，苏辙二十三岁。

二苏又一次蟾宫折桂，让仁宗皇帝再一次见识了他们的倾世才华，退朝后他不无兴奋地对高皇后说："吾今又为吾子孙得太平宰相两人。"

皇帝金口玉言，这下，苏轼兄弟就有足够的资本步入仕途了。

这时候，父亲苏洵亦被任命为校书郎，其后又被任命修礼书，为本朝皇帝写传记，这差事正投老苏所好。苏氏一门春光无限，前程如锦璀璨。

不过，做官，还得从基层做起。

苏轼被朝廷任命为大理评事，签书凤翔府判官。弟弟苏辙被委任为商州推官，因弟兄俩不忍心撇下年迈的父亲独自生活，故苏辙辞去职务，留在京城陪伴父亲，再等时机。

凤翔府，古称雍、雍州、雍城，地处陕西省西部，在现在的宝鸡市东北方向。关于凤翔这个地名的来历，有个美丽的传说。开创春秋"天子致伯，诸侯称贺"霸主之业的秦穆公，其小女儿弄玉，酷爱音乐，尤喜欢吹箫。后遇到华山隐士萧史，千古知音一朝觅，二人情意相合，终成眷属。一夜，二人在月下吹箫，引来了紫凤和赤龙，于是萧史乘龙，弄玉跨凤，双双腾空而去。唐朝人根据此典故改雍州为凤翔。浪漫的爱情传说滋润着凤翔年年岁岁春意焕然，莺飞草长。

两宋官员外放任期通常为三年，仁宗嘉祐六年（1061年），苏轼，这个才气清扬的小伙子，辞别父亲、兄弟，怀着"致君尧舜"的火热理想，携妻带子奔赴凤翔府上任。

苏轼的第一任上司是太守宋选，和苏家是世交，他很看重苏轼之才，一切事宜放手让其去做。苏轼到任后，购置了一座庭院安顿家眷，前有水池，后有亭子，红花绿树，流水潺潺，清静宜人，由此可见，苏轼是个热爱生活，会享受生活乐趣的人，这也是他得以成为伟大诗人的根底。

所谓判官一职，通俗地讲，就是凤翔知府的助理官员，公务尚不繁重，但也不是闲差，有监察本州官员的责任，所有公文、奏议也需有判官联署，算得上一个重要的岗位。

陕西是中华文明的重要发祥地，渭水一带有很多名胜古迹，因为公务，苏轼需要到各地视察，所以就有机会四方游历，寄情山水，亲近自然，践行他诗人的秉性。他畅游了太白山和黑水谷一带的寺院，以及周文王的故里。

终南山在西安长安区南五十里，是秦岭主峰之一。但在古人看来，长安周边的秦岭，几乎都算得上终南山。它，西起宝鸡眉县，东至蓝田县，千峰叠翠，景色幽美，素有"仙都""洞天之冠""天下第一福地"的美称。历史上，终南山以隐逸著名。最早的传说要追溯到老子。当时天文星象学家尹喜为函谷关关令，于终南山中结草为楼，每日登草楼观星望气。一日忽见紫气东来，吉星西行，他预感必有圣人经过此关，于是静坐守候关中。不久一位老者身披五彩云衣，骑青牛而至，原来是老子西游入秦。尹喜忙把老子请到楼观，执弟子礼，请其讲经著书。老子在楼南的高岗上为尹喜讲授《道德经》五千言，然后飘然而去。传说今天楼观台的说经台就是当年老子讲经之处。道教产生后，尊老子为道祖，尹喜为文始真人，奉《道德经》为根本经典。于是楼观成了"天下道林张本之地"。终南山成为道教发祥地之一。

　　道教主张出世，老子和尹喜又都是隐逸之人，这段传说给终南山带来神秘的隐逸色彩。"名山修道，终南为冠"，事实上，终南山的隐逸文化一直很盛，是士大夫和知识分子进退朝野，"穷则独善其身，达则兼济天下"的退守之地。历史上著名的姜子牙、商山四皓、张良、陶渊明都曾隐居此山。唐朝著名诗人王维，四十多岁后厌倦政治，也常常居住终南山，过着半官半隐的生活。唐初医学家孙思邈、唐代高僧玄奘等，更是把终南山当作修学、养生、传道之地。苏轼经常登临终南山，去那里寻贤访圣。

　　当然，苏轼绝对不是游手好闲之辈，他亦为自己描画着建功立业、为官一任、造福一方的宏伟蓝图，实现自己经世报国的理想。

　　当时陕西旱情严重，农人为行将枯死的庄稼忧心如焚。斯时，没有气象预报，也没有人工降雨，只能向神灵求雨，这是身为父母官的职责。

　　太白峰是秦岭上最雄伟的一座山峰，山顶上有一个道观，门前有一个小池塘，相传雨神龙王化身为各种小鱼栖居在里面。苏轼带领老百姓到道观里去求雨。为此,他还专门撰写了一篇雄辩滔滔的祈雨文,文中他先是奉承龙王几句,然后动之以情,晓之以理,向龙王陈诉天旱的种种不利:

乃者自冬徂春,雨雪不至。西民之所恃以为生者,麦禾而已。今旬不雨,即为凶岁;民食不继,盗贼且起。岂惟守土之臣所任以为忧,亦非神之所当安坐而熟视也。圣天子在上,凡所以怀柔之礼,莫不备至。下至愚夫小民,奔走畏事者,亦岂有他哉?凡皆以为今日也。神其盍以鉴之?上以无负圣天子之意,下亦无失愚夫小民之望。

十六日果真降下小雨,雨不大,不能缓解旱情。有老人言山神因宋朝皇帝封的侯爵太小,在发脾气。苏轼查阅了资料,果然如此:唐朝时朝廷封太白山神为公爵,到了宋朝竟被皇帝改封为侯爵,官降一级,所以很不高兴。话说回来,这事换了谁,谁也不会有好脸色。

找到病因,就要对症下药。苏轼便向仁宗皇帝上了奏本,请皇帝恢复太白山神之前的爵位。之后与宋太守一同斋戒沐浴,派特使上山向山神禀告此事,并从道观前的池塘里取来"龙水"一盆。

为显示诚意,苏轼亲自出城迎接"龙水",百姓倾城而出,顷刻间,天空昏暗,阴云密布,雨好像就要下来了。

可是过了好久，还是光打雷不下雨的架势。苏轼和宋太守到真兴寺去祷告，追着地面飘浮的乌云跑，还从农夫手里拿个篮子，顺手抓了几把乌云，紧紧按在篮子中，嘴里念念有词："府主舍人，存心为国，俯念舆民，燃香霭以祷祈，对龙湫而恳望，伏愿明灵敷感。"

伴随着响雷闪电，一盆"龙水"安放在祭台之上，苏轼朗声吟诵自己的祈雨妙文。果然心诚则灵，暴雨倾盆落下。两天之后，又降大雨。在渀渀的雨水中，庄稼终于又挺起绿色的腰杆。

为纪念这次成功的祈雨事件，苏轼把后花园的亭子命名为"喜雨亭"，挥笔一篇《喜雨亭记》，刻于亭上。是年，皇帝恢复太白山神为公爵，皆大欢喜。

后来苏轼做其他各县的太守，只要事有必要，他还是继续祷告神明。他相信神灵会惩恶扬善，竭其所能为人类消灾造福。

但对那些作恶多端的妖魔鬼怪，苏轼从来不畏邪恶，据理力争。据说他曾经两度和邪魔外祟理论。因为他深信，邪不压正，这点，继承了其祖父苏序的血性。

一次，从凤翔回京都的路上，侍从之中一个人忽然发起呆疯，在路上把衣裳一件一件扯下来。下属费尽周折给他穿上，甚至把他双手绑缚起来，但衣裳还是存不住。有人说他冲撞了山神。

苏轼大步走到庙里，向山神辩理：

某昔之去无祈，今之回也无祷。特以道出祠而不敢不谒而已。随行一兵狂发遇祟。而居人曰："神之怒也"，未知其果然否。此一小人如蚁虱耳，何足以烦神之威灵哉。纵此人有隐恶，则不可知。不然人其懈怠失礼或盗服御饮等小罪尔，何足责也，当置之度外。窃谓兵镇之重，所隶甚广，其间强有力富贵者盖有公为奸意，神不敢于彼示其威灵，而乃加怒于一卒，无乃不可乎？某小官一人病则一事缺，愿恕之可乎？非某愚，其谅神不闻此言。

祷告完毕，苏轼走出庙门，忽然，一阵山风向他脸上猛扑，飞沙走石。

苏轼对侍从说："难道山神余怒未息？我不怕他。"继续大步往前，狂风像披头散发的厉鬼，嚣张得厉害。这时只有一个侍从跟随在他身后，其他的人都找避风的地方躲了起来。侍从劝说他折回庙里去向山神讨饶。苏东坡大声说："吾命由天帝掌握，山神一定要发怒，只好由他去。我走我的路。山神他能奈我何？"说来奇怪，闻听此言后，风竟渐渐消停，苏轼毫发未损，那个侍从也清醒过来。

所谓头角峥嵘，光芒四射；所谓笔落惊风雨，诗成泣鬼神，苏轼也！

苏轼和宋太守合作的日子是愉快的，一路走来的旅程是和谐的。好景不长，新任太守陈希亮到任后，当判官的日子就不那么有滋有味了，让他时时感到理想与现实的巨大差异。

陈希亮（1014—1077年），字公弼，和苏轼是眉州老乡。进士及第后，他先后担任知县、知州、知府、转运史等地方官，也曾在首都开封府及朝廷任职。为官三十多年间，恪尽职守，敢为人先，惩治贪官污吏，严打地痞无赖，追捕盗贼，开仓赈民。将鱼肉乡民的巫师、巫婆强行遣返回乡，耕田务农。

陈希亮不仅是一位清官良吏，而且还是一位能工巧匠。在宿州城的汴河上，他首开先河，亲自设计并建造了一座飞跨两岸的如虹飞桥，解决了汴河水势太猛，数年冲垮桥墩，在其上架桥比登天还难的大课题，受到朝廷嘉奖。

陈希亮由于疾恶如仇，不考虑个人的恩怨得失，为平民百姓称颂，让王公贵人望而生畏。因而，为官以来，颇负美誉。上任时，父老乡亲箪食壶浆迎之；三年任满离境时，乡民们俯首致敬，洒泪相送。据说，他训练的兵卒在执行命令时，敌人稠密的箭矢从四面八方飞来，兵卒们仍然屹立不动。

陈希亮是非常之人，严厉板正，肃穆冷峻；苏轼也是非常之人，少年成名，才气自负，年轻气盛在所难免。两人之间不妥协不通融，针锋相对也实属自然。

常言道"老乡见老乡，两眼泪汪汪"，况且苏轼又是个旷世才子，身为父辈的陈公弼理应爱才惜才，怜爱有加才符合常理。可真实的情况却并不是这样。在苏轼的意识里，新任陈太守处处与他为难,严格得不近人情。

"谒入不得去,兀坐如枯株。岂惟主忘客,今我亦忘吾。同僚不解事,愠色见髯须。虽无性命忧,且复忍须臾。"这首《客位假寐(因谒凤翔府守陈公弼)》描述的就是苏轼在拜谒陈太守时受到冷遇的情形。作为名震天下的才子,朝廷的命官,被上司这样毫无道理地压制,无论是谁,都不会带着什么好心情去上班的。

因苏轼在制举考试中以"贤良方正能直言极谏科"被皇帝钦点为最高等次,一个同事就以敬重的口吻称呼苏轼为"苏贤良",这不过是一种客气的说法,没想到陈公弼听到后,一脸黑青,冷言冷语地抢白道:"一个小小的判官,有什么贤良可讲?"不问青红皂白,命人将那个同事拉出去打二十大板,让苏轼何其难堪。

更让苏轼气不打一处来的是,陈公弼经常对他起草的奏折、文书等批批画画,涂抹删减。在苏轼看来,这简直是天大的蔑视和侮辱。苏轼的文章,那是举世公认的好,连当朝文坛盟主欧阳修、当今皇上都赞誉有加,一个区区的知府,一介武夫,却横加指点,是可忍孰不可忍!

于是,在七月十五中元节这天,苏轼拒绝去参加陈太守主持的例行聚会,自己骑着马到山上游玩了一天。太守也毫不留情,当众宣布罚苏轼八斤铜以示惩戒。在宋朝,每一千文铜钱通常有五斤重,八斤铜约等于罚款一千六百文。按说,数目不大,但接受这样的处罚,让苏轼感觉很没有面子,所以他经常发发"虽无性命忧,且复忍须臾"的牢骚。

不过终究"忍"来了扬眉吐气的一天,他决定好好"报答"一回刚愎自用、万般挑剔的上司。

陈公弼在官府的后花园修建了一座楼台,命名为"凌虚台",站在上面可以远望终南山。楼台竣工后,陈公弼请苏轼写碑文作记。

苏轼略加思索,四百字的《凌虚台记》华丽出炉,其中有一段这样写道:

> 尝试与公登台而望,其东则秦穆之祈年、橐泉也,其南则汉武之长杨、五柞,而其北则隋之仁寿、唐之九成也。计其一时之盛,宏杰诡丽,坚固而不可动者,岂特百倍于台而已哉!然而数世之后,欲求其仿佛,而破瓦颓垣无复存者,既已化为禾黍荆棘丘墟陇亩矣,而况于此台欤?夫台犹不足恃以长久,而况于人事之得丧,忽往而忽来者欤?而或者欲以夸世而自足,则过矣。盖世有足恃者,而不在乎台之存亡也。既以言于公,退而为之记。

大意是说:登上凌虚台瞭望远方,只见方圆百里都是秦汉、隋唐以来帝王的宫殿楼阁遗址。遥想当年啊,它们是何等金碧辉煌,固若金汤,要比这小小的凌虚台,宏大雄伟许多,然而多年

【〇六九】

以后,你现在再来看看它们的模样,却只剩下残垣断壁,在当年宫殿的废墟上,早已长满了庄稼、荒草和茂盛的荆棘!雄伟壮丽的帝王宫殿尚且如此,这小小的凌虚台又能支撑几多时日呢?恐怕也无法长久。凌虚台尚且如此,更何况纷纭莫测的人事变迁呢?谁又能预料到每个人后来的富贵荣辱?命运的翻云覆雨真是令人无法捉摸,有人想借助某件东西在世间炫耀,以此来满足自己的虚荣之心,这实在是可笑至极,大错特错!世间万物依恃自然赋予的持久不绝的生命力而蓬勃生动,哪里会在乎凌虚台的存亡呢?

这篇碑记借凌虚台感怀古今,其飞扬的文采,郁郁勃勃的生气令人称快,但其中借机讥讽太守之意亦溢于言表。苏轼年轻气盛,口无遮拦,反正他这一次是豁出去了,一抒心中戾气,大不了使得陈公弼大发雷霆,重罚他若干铜。

可一向不苟言笑的陈公弼这一次却笑了,他很大度地、一字不改地命人将其刻在碑上,立在凌虚台前。

他说:"吾视苏明允,犹子也,某犹孙子也。平日故不以辞色假之者,以其年少暴得大名,惧夫满而不胜也,乃不吾乐邪!"

明允就是苏轼的父亲苏洵,"某"指苏轼。意思是说,我对苏洵就像对自己儿子一样看重,苏轼就好像是我的孙子,我平时之所以对他要求严格,故意给他颜色,是因为看他年纪轻轻就声名大振,担心他把握不住自己,骄傲自满,盛名之下其实难副。所以要想办法磨炼磨炼他,让他处事冷静些,没想到这个小伙子这么记恨我呢!"

至此,苏轼才懂得陈太守的良苦用心。初涉官场的他,遇到这样耿直秉正、亦父亦师的上司,多么幸运。

苏轼曾自称平生不轻易为人作行状墓碑,陈公弼是个例外,他说:"轼官于凤翔,实从公二年。方是时,年少气盛,愚不更事,屡与公争议,至形于言色,已而悔之。"苏轼对之前的少不更事追悔莫及。他一生只写过十篇传记,这篇最长,最为详尽,以此表达对长辈陈公弼的深深敬意。

后来,苏轼和陈公弼的儿子陈慥成为知己。陈慥在他第一次被贬谪至黄州时"白马青盖"相迎,七到黄州,诗酒唱和,苏轼也为他留下了《方山子传》。苏轼为父子二人作传,这是绝无仅有的,亦可以看出陈氏父子在苏轼生命中的不凡地位。

卷二 人间有味是清欢

第一章 【松冈】

> 这个世界上有太多令我们无能为力的事情，比如回不去的过去，无法预测的未来，以及那些再也不可能见到的人。
>
> ——题记

治平二年（1065年）正月，苏轼任职三年期满，带着妻儿辞别凤翔府，风尘仆仆返回汴京。

新主宋英宗早闻苏轼才名，要破格拔擢他任翰林一职，负责起草诏书，也就是做皇帝的机要秘书。没想到此举遭到思想一贯保守的宰相韩琦的强烈反对："轼之才，远大器也，他日自当为天下用。要在朝廷培养之，使天下之士莫不畏慕降伏，皆欲朝廷进用,然后取而用之,则人人无复异辞矣。今骤用之,则天下之士未必以为然,适足以累之也。"

韩琦认为有"为天下用"之大才的苏轼,今后自然会被朝廷重用,现在要好好培养他,人们就不会有异议了。如果现在骤然让他身居要职,则天下人未必信服,那样反而拖累了他。于是推荐苏轼任职直史馆,编修国史,官六品。苏轼很喜欢也很能胜任这份职务。近水楼台先得月,他可以利用工作之便,自由进出宫中图书馆。在那里,他如鱼得水,饱览许多珍本书籍、名人珍贵手稿、名家珍稀字画等,这为他后来成为全才奠定了深厚的艺术学习和鉴赏基础。所以,换个角度来说,苏轼日后诗、书、字、画全面开花,宰相韩琦功不可没。

比眼界更宽广的是一个人的胸怀。后来,苏轼充分肯定了宰相韩琦的"爱护"一说。"公可谓爱人以德矣。"——韩公这才是真正的用德行爱护我啊。

在这样的"爱护"下,苏轼寄情诗文,泼墨书画,操琴怀古,曲水流觞,度过了一段欢乐平和的时光。

那段时间,苏轼所作《次韵子由弹琴》一诗,使我们既能感觉到他早期不涉官场,自娱于琴棋书画之中,乐而忘返的浪漫潇洒,还可以领略到其琴艺上的深厚造诣:

琴上遗声久不弹,琴中古意本长存。

> 苦心欲记常迷旧,信指如归自着痕。
> 应有仙人依树听,空教瘦鹤舞风骞。
> 谁知千里溪堂夜,时引惊猿撼竹轩。

然而,平和生活的背后,是许多的未可知,它们的当头一棒,让你防不胜防。

治平二年(1065年),和苏轼共同生活了十一年的发妻,年仅二十七岁的妻子王弗,留下苏轼和不满七岁的儿子苏迈,撒手西去。他们夫妻二人,自婚后一直恩爱和睦,伉俪情深,无奈天命无常。相夫教子、温柔体贴的妻,忽然间阴阳暌隔,在苏轼心头留下难以磨灭的伤痛。

十年后,熙宁八年(1075年),在亡妻的忌辰,一个孤寂冷清的夜晚,他在梦中依稀见到了久别的妻子,相顾无言,凄凉断肠。往事訇然劈开心扉,久蓄的情感潜流,冲破心之闸门,奔腾澎湃难以遏止。悲不自胜的他,提笔写下了哀婉凄绝的《江城子·记梦》:

> 十年生死两茫茫,不思量,自难忘。千里孤坟,无处话凄凉。纵使相逢应不识,尘满面,鬓如霜。
> 夜来幽梦忽还乡,小轩窗,正梳妆。相顾无言,惟有泪千行。料得年年肠断处,明月夜,短松冈。

王弗和苏轼新婚之时年方二八，正值青春妙龄。她离世时二十七岁，还是风姿卓绝的年纪。她不仅美丽，而且聪明，不仅聪明，而且安静，不仅安静，而且世事洞明。她是苏轼的红颜良伴，也是他得力的贤内助。所以，苏轼心目中的红颜永不凋谢。

红尘中爱的最高境界，不仅仅是惊鸿一瞥，怦然心动，更是灵魂深处的相知，患难与共的相惜，柴米油盐的相伴，以及相濡以沫的默契。少年夫妻情深义重，纵使十年的飞沙走石，掩埋岁月多少沟沟壑壑；纵使苏轼的身边已有了贤惠的王闰之的陪伴，王弗，依然是苏轼心中不能触摸的痛。

古人云：黯然销魂者，唯别而已矣。但世间最苦者不是生离，而是死别。

都说时间是最好的良药，如果感觉力不从心，就将一切交付时间，它会让你把想忘记的都忘记，不经意地从一个故事走进另一个故事里。可是，纵流水过往，一去不返，午夜梦回的时候，还是无法抑制地怀念，怀念从前。

情至极处，直语贯出，来不及也不需要过多的辞藻修饰装点，语淡方显情真。首句"十年生死两茫茫"，先声夺人，如一道闪电直击心扉。其时，字里行间横亘的茫无涯际的荒凉，浸染在明月夜频频倾倒的浊酒杯里，深沉而悲痛，啜饮一口，回味在身体里，余韵动人心魄。

谁又能阻止呢？从来不用想起，永远不会忘记。"不思量，自难忘。"这样悲哀到彻骨的一句,竭尽心头的柔软。为伊消得人憔悴,午夜梦回的时刻,所有的当年,兵临城下。

上穷碧落下黄泉,两处茫茫皆不见。曾经相濡以沫,如今却隔着冰冷的坟茔,他牵不到她伸过来的、记忆里温暖的十指。这般凄楚,抹杀了生死界限,其"情不知所起,一往而深,生者可以死,死可以生"的意境,格外打动人心。

一个人,如果没有对昔日的回忆,是很难拥有当下丰富的情感体验的,回忆中所蕴藉的,是人生刻骨难忘的经历和盛情,凡是有回忆的地方,人们就感到情深义重,所谓"处处寻往迹,有处特依依"。

那是故乡的夜晚,月光如水水如天,雕花的小轩窗下,对镜理妆容的她,笑靥如花,娴静若枝上玉兰。他趋步上前,想和久别的她倾诉衷肠,说说别后的日子,诉诉经年的思恋。可那一刻啊,千言万语如鲠在喉,他的心坎,乱石穿空,惊涛拍岸,唯有泪千行,默不能言。

思念为线,缠绕成伤人的利器。这十年,几多宦海沉浮,世事变迁,许许多多都变了,包括容颜。不变的是那份深情,始终,她是他的床前明月光,心头的一颗朱砂痣。

写这阕词的时候,苏轼正在山东密州任知州。而王弗的墓地,则在千里之外的家乡眉州。山迢水远,连亲自到墓前去祭奠一下都不可能,除了生死相隔,横亘在二人之间的还有实实在在千里之遥的道路。所以诗人感叹爱侣华年早逝，自己远离故乡千里，无处可以诉说凄凉，话说得极为沉痛。

诗词中任何一笔让人产生的联想，对于往事来说，都足以伤筋动骨。想来，越是希望，越是揪心疼痛，这疼痛给人带来的，是震撼，是清醒。让人不由得想起叶芝的那句动人的诗句："可是，我最亲爱的，请你用大地般的身体把我抱紧，从你离开之后，我荒芜的思想已寒至骨髓。"

而更令人不忍卒读的是"纵使相逢应不识，尘满面，鬓如霜"。写这首词时的苏轼，才四十岁，却已经"鬓如霜"。思念使人老，岁月忽已晚。明明她辞别人世已经十年，却要"纵使相逢"，这是一种绝望的、不可能的假设，感情是深沉、悲痛，而又无奈的，使这首词的意义更加深了一层。阴阳异路，怎能重逢？但即便是相逢了又能怎样，面对仕途坎坷、遭际不幸而风尘满面、两鬓飞霜的自己，妻子是否还能认出？

每个人都不能走出他自己的故事，记忆的每一次缝补都会遭遇穿刺的疼痛。

今夜，诗人心事如水，痛楚无可医治，他把悲伤写尽，希望可以重见欢颜，他生命中的刺青爱人。

王弗死后，苏轼亲笔书写墓志铭。这篇墓志铭简短平实，而又字字深情：

君讳弗,眉之青神人,乡贡进士方之女。生十有六年而归于轼。有子迈。君之未嫁,事父母;既嫁,事吾先君、先夫人,皆以谨肃闻。其始,未尝自言其知书也。见轼读书,则终日不去,亦不知其能通也。其后,轼有所忘,君辄能记之。问其他书,则皆略知之。由是始知其敏而静也。

从轼官于凤翔。轼有所为于外,君未尝不问知其详。曰:"子去亲远,不可以不慎。"日以先君之所以戒轼者相语也。轼与客言于外,君立屏间听之,退必反覆其言,曰:"某人也,言辄持两端,惟子意之所向,子何用与是人言。"有来求与轼亲厚甚者,君曰:"恐不能久,其与人锐,其去人必速。"已而果然。将死之岁,其言多可听,类有识者。其死也,盖年二十有七而已。始死,先君命轼曰:"妇从汝于艰难,不可忘也。他日,汝必葬诸其姑之侧。"未期年而先君没,轼谨以遗令葬之,铭曰:君得从先夫人于九泉,余不能。呜呼哀哉!余永无所依怙。君虽没,其有与为妇何伤乎。呜呼哀哉!

区区四百余字,倾注了诗人无尽的哀思,以及对爱妻的高度评价。

苏轼遵照父亲的旨意,在第二年父亲去世后,将父亲和王弗的灵柩千里迢迢运回家乡，与苏轼的母亲葬在一处，并在王弗的坟茔周围，手植三万棵青松。所以就有了月夜下的松冈，有了年年今日的断肠，有了"料得年年肠断处，明月夜，短松冈"的不胜凄绝。

这凄言冲破行云，千般深爱，万缕哀思，震撼古今。这首词被后人称为千古第一悼亡诗。

我们命中注定要失去深爱之人，后来才知道，他们在我们生命中有着怎样重要的地位。

所以，让我们好好珍惜身边的人，因为你不知道，意外和明天哪一个会率先到来。

第二章 【新政】

> 和苏轼的潇洒随性、乐天开朗相比,王安石确实算一个怪人,一个处世为人有悖常理的怪人。简单的一个字,就是"拗"。若用三个字来批注,则是"不可爱"。
>
> ——题记

英宗治平三年(1066年),苏氏兄弟护送老父苏洵和苏轼妻子王弗的灵柩回乡安葬。双亲已然不在,老家的院落年久失修,无人居住,更加破败不堪,苏家两兄弟宁愿在路途上多耽搁些光阴,沿途游览山水胜景打发时日,也不想在长达两年零三个月的丁忧日子里,每天面对人去屋空触景生情。这本是老苏家的历来风格,他们知道老父在天之灵亦不会怪罪。就这样,苏氏兄弟一个单程就走了将近一年。

两年零三个月后，丁忧期满，苏家两兄弟告别家乡父老，千里迢迢再度奔往京师。此一别，后来的后来，眉州故土，兄弟二人只能够"夜来幽梦忽还乡"了，半生辗转流离的他们，再也没能回去过。

这时候，国家正在经历一场重大的变革，这就是王安石变法。

和苏轼的潇洒随性、乐天开朗相比，王安石确实算一个怪人，一个处世为人有悖常理的怪人。简单的一个字，就是"拗"。若用三个字来批注，则是"不可爱"。

这个"拗相公"，有诸多"不可爱"的逸事在坊间流传。

王安石不修边幅。文人嘛，不拘小节，衣着随性，如果能随便成一种风格倒也罢了，譬如坦腹东床的王羲之，被太傅郗鉴慧眼识真人，选为乘龙快婿，成就一段佳话。王安石的不修边幅，却到了令人匪夷所思的地步。堂堂一个朝廷命官，即便做不到仪表堂堂、玉树临风，也该衣着得体，不讲究也不能太将就，可是这个王大人，官袍朝服上的汤汁饭渍，斑斑驳驳成"逗号""冒号""感叹号"等一些不能名状的符号，污渍斑斑，须发凌乱，整个一"犀利哥"形象，真有点不合礼仪。所以苏洵在《辨奸论》这篇文章里抨击王安石："衣臣虏之衣，食犬彘之食。"又说他"囚首丧面而谈诗书"，看来绝不是泼他污水，有意栽赃陷害。

人云王安石读书非常刻苦，常常通宵达旦，天将黎明之时才在椅子上打个小盹儿稍事休息。一觉醒来，来不及梳洗，蓬头垢面就上朝去了，那样子自然不得人心，太守韩琦以为他贪溺床帏，就以过来人的语气加以规劝："老弟，我劝你趁着年轻，多用功念点儿书吧。"这亦是一方佐证。

甚至还盛传过这样一个故事，说王安石从来不爱换洗身上的长袍，日复一日就一个造型，让朋友们直犯嘀咕。王大人该不是就这一件官袍吧，或者这件长袍有什么特殊意义，让王大人舍不得更换？朋友们决定涮他一涮。一天，几个朋友约他到一个寺院里的澡堂沐浴。在他从浴池出来之前，偷偷藏起了他那件专属袍子，特意留一件干净的长袍挂在外面。王安石洗完澡出来，看也没看就穿上了这件新袍子。对于袍子的新旧，是不是他原来的那件，他全然没留意。

对他来说，新旧都不看在眼里，是件衣裳裹在身上就行，原来如此。

王安石穿啥不讲究，吃啥更将就。一天，仁宗皇帝召集众大臣在后花园宴乐，为增加宴会的娱乐性，皇上命令众位大臣在御花园的池塘里自己捕鱼烹煮。御厨做了很多小球状的鱼饵，摆放在一个个金盘子里，供大臣们取用。王安石不喜欢钓鱼，不屑参与这样的热闹，自个儿坐在凉亭里琢磨事儿，捎带着将身边金盘子里的鱼饵吃个精光。这件事别说令众大臣侧目，连一向宽厚仁慈的仁宗皇帝对他也有了看法，他对宰相韩琦说："王安石是个伪君子。人也许会误食一粒鱼饵，总不会在心不在焉之下把那些鱼饵全部吃完的。"

连鱼饵都馋，皆能成为口中之食，并不能说明王安石是个地道的吃货，只是因为他向来不注意自己吃什么。没有喜欢，亦没有最喜欢。一次，一位朋友告诉王安石的太太，王安石喜欢吃鹿肉丝。王太太听了一脸骇异："有这回事？他向来不注意自己在吃什么，填饱肚子就行，怎么会突然爱吃鹿肉丝了呢？你是怎么知道的？"朋友说："吃饭时他不吃别的菜，只把那盘鹿肉丝给吃光了，这不是爱吃是什么？"王太太问："鹿肉丝摆在餐桌上的什么地方？"朋友说："就在他的正前方。"王太太恍然大悟，说："明天你把别的菜摆在他前面，看看怎样？"第二天朋友有意把菜的位置加以调换，鹿肉丝放在离他最远的地方。果然，吃饭时，王安石只吃离他最近的菜，那盘鹿肉丝，貌似他都没看到。

"青青子衿，悠悠我心。""华樽旨酒，绮席嘉肴。"自古以来，锦帽貂裘、锦衣玉食是国人心目中士大夫的常态，像王安石这样权倾朝野，却在吃饭穿衣方面粗鄙至极，只能说明王安石是个千古奇人。

何况还有那句流传很广的俗语"饱暖思淫欲"。在宋代，士族纳妾本是寻常，但王大人在这方面却是另类，洁身自好，绝不任情放纵。有一次，妻子吴氏为他买来一女子做妾。晚上女人来伺候他休息，王安石见是陌生面孔，忙问怎么回事，她是谁。女人战战兢兢地说，是夫人派她来伺候老爷的，她的丈夫为朝廷运送官麦，不幸遇到台风，一船官麦淹在水里。丈夫把家产卖尽，不足以抵还官债，只好把她卖了九百缗来凑钱数，以免除牢狱之灾。王安石听后非常同情这对小夫妻，命下人找到女子的丈夫带女子回去，两人千恩万谢地走了，对于九百缗王大人只字未提，堪称真诚、虔敬、洁身自好之士。

王安石还屡次谢绝朝廷的提拔重用。从二十一岁高中进士，到四十六岁被神宗重用，前后二十五年间他一直谢绝任何任命，好在宋朝的皇帝都很仁慈，以仁义治理天下，仁宗和英宗，皆宽容了王安石的抗旨不遵。皇恩浩荡，王安石偏安一隅，韬光养晦，以孤注一掷的拗劲为政一方，建堤筑堰，改革办学，创办农民贷款法，政绩斐然，深得百姓爱戴。

但凡一个人孤注一掷地做某件事，必定能成就大事。世人是这样认为的，王安石也是这样锲而不舍执行的。在他执政期间，他大刀阔斧地改革旧制，实行变法。

很多事情的初衷一定是好的，但结局往往不尽如人意，对此，苏轼的门生秦少游秦大诗人有切肤之痛："雾失楼台，月迷津渡。桃源望断无寻处。"

人性如此，使得事物瞬息万变，其间的起承转合、山重水复，即使最周密、最详尽的预测和谋略都策划不来，不可预料。这是自然规律，也是社会规律。比如变法。

在三千多年的华夏文明史上，有几次著名的变法令后世铭记。

春秋战国时期，奴隶制社会就像一位形容枯槁的老人，步履蹒跚将要走到尽头,封建社会这个新生婴儿呱呱坠地,哭声嘹亮。在这样的大环境下,国家的经济制度、政治体制、思想观念、道德习俗都随之翻天覆地,孔子称为"礼崩乐坏"。各诸侯国为了扩大自己的势力范围,征伐不息,战乱不止,在经历了大鱼吃小鱼、小鱼吃小虾这样弱肉强食的过程后,有的诸侯国强大起来,部分小国家被吞并成了大国的附属国,形成齐、楚、燕、韩、赵、魏、秦七国争雄的局面,史称"战国七雄"。

七雄之任何一雄,每天都面临着强烈的危机感,一些国家纷纷进行变法改革,以求富国强兵,取得决胜地位。如魏国的李悝变法、楚国的吴起变法、赵国的赵武灵王胡服骑射等。

起初,地处西陲的秦国国力明显落后于其他几个超级大国,后来普遍使用铁质农具以后,社会生产力得到快速发展,加速了奴隶社会井田制的瓦解和土地私有制的产生。是时,新兴的地主阶级要求废除奴隶主旧贵族的世袭特权。公元前361年,秦孝公即位,为求国家富强而广招人才,天时地利人和,于是商鞅从魏国来到秦国,展开了一场轰轰烈烈的变法。先后推行两次以"农战"和"法治"为中心的变法活动。废除奴隶主贵族的世袭制度,取消宗室特权,按军功大小重新界定官爵的等级和待遇。废除奴隶制的井田制度,在法律上承认土地私有和买卖。鼓励男耕女织,实行重农抑商政策。加强中央集权,普遍推行郡县制。官吏由中央直接任免,同时进行户口编制,由中央制定统一的度量衡,制造标准量器,有利于税收和经济交往。

这次变法，使落后的秦国一跃成为"兵革大强，诸侯畏惧"的强国，出现了"家给人足，民勇于公战，怯于私斗，乡邑大治"的大好局面，为后来秦始皇统一中国奠定了坚实的物质基础。

可惜，秦孝公死后，太子惠文王继位。在旧贵族对商鞅的反攻倒算中，假以"谋反"的罪名，逮捕并用"车裂"的酷刑处死了商鞅。

商鞅虽然因变法而死于非命，但他的新法在秦国得以继续实行。秦国由此走上了强国之路，六代之后，由秦始皇统一了中国，建立了秦朝，其功不可没。

被鲁迅先生称为"西汉鸿文，沾溉后人，其泽甚远"的西汉晁错，也是一个勇于改革创新的勇士。景帝听从晁错建议：削夺赵王的常山郡、胶西王的六个县、楚王的东海郡和薛郡、吴王的豫章郡和会稽郡，并更改了法令三十条。但是，因为变法触及了统治者的利益，汉景帝三年（公元前154年），吴王刘濞首先在都城广陵起兵叛乱，并向各诸侯发出了宣言书，以"清君侧"为名，要诛杀晁错。胶西王刘昂、胶东王刘雄渠、淄川王刘贤、济南王刘辟光、楚王刘戊、赵王刘遂，也都先后起兵，共同向西进攻。这就是历史上著名的"吴楚七国之乱"。

晁错不幸成为"吴楚七国之乱"最终的替罪羔羊，忠心耿耿为汉家天下操劳的他，最终被腰斩于东市，死于非命，这是一个悲剧。诚然，在变法中，晁错有考虑不周之处，但在今天看来，那个时代，他确实是一个思想进步的杰出人物,是一个出色的政治家。

"圣人苟可以强国,不法其故;苟可以利民,不循其礼。"如晁错说的那样,变法,是一场深刻的社会变革,是一个曲折的过程。

公元960年赵匡胤通过陈桥兵变,黄袍加身,结束了五代十国战乱纷争的局面,建立了大宋王朝。为避免历史重演,赵匡胤吸取藩镇割据而最终亡国的教训,把军权、财权、行政权全部收回到中央,也就是他一人手里,后来布下"杯酒释兵权"的酒局,把原先由武将掌握的兵权移交到文官的手里,并且,常常沙场秋点兵地进行调换,各地军将轮防,避免出现军阀拥兵自重、独立门户的局面。这些措施虽然保证了国家秩序暂时稳定,但是大大削弱了军队的战斗力,可想而知,在这样重文轻武的基本国策下,大宋与强大的外族夏、辽、金抗衡,难免吃亏。交战过后,北宋政府以盟约言和,按年"赐予"强邻大量财帛,换来边防暂安。北宋的国力日益薄弱。

然而,宋朝官员的俸禄非常可观。当时,宰相一职朝廷每年要支付的俸禄为五十多万文,按市价能买一万斗(十二万斤)的高价米,况且,北宋官僚机构日益膨胀,冗官、冗兵、冗费之累,大宋财政实在不堪重负。

当年,王安石曾向仁宗皇帝上"万言书"阐明自己的变法主张,只是没被重视。他没有灰心,笃信自己是应天命成此大业之人,神宗皇帝即位后,他继续坚持变法的政论,终于打动了胸怀大志,希望励精图治来中兴国力日弱的大宋王朝的二十岁的神宗皇帝赵项。神宗皇帝对王安石言听计从，在全国范围内推行新政。

王安石变法的主要目的是富国强兵，振邦兴土。用通俗的话讲就是帮皇帝大人理理财，"理财以农事为急，农事以去其疾苦、抑兼并、便农为急"。他设想的宏伟蓝图是，"因天下之力以生天下之财，取天下之财以供天下之费"，抑制土豪劣绅，减轻平民负担，通过发展经济，公平税负来增加国家的财政收入，达到富国的目的；通过改革基层社会组织，整顿军队等办法来实现强军；通过改革教育和科举考试制度，培养人才，选拔才俊，以便巩固政权。

客观地讲，改革的初衷是好的，具有深远的积极意义，一段时间内，北宋财政大有好转。但是亦存在很多弊端。王安石是个好官，他不任情放纵，也不腐败贪污，但因为急于求成，把变法大计以非常激进、非常极端的方式付诸实施，国家行政过度干预经济生活，使新法偏离正道。又由于他自身的性格缺陷，不能知人善任，近小人远贤臣却不自知，被曾布、李定、吕惠卿、蔡京等群小利用，排除异己，刚愎自用甚至专权独裁，从而引发朋党之争，朝廷内部矛盾愈演愈烈。

当时，担任殿中丞、直史官的苏轼不是变法派，也不倾向保守派，他认为变法应循序渐进、和风细雨地进行改良，先后给神宗上《议学校贡举状》《谏买浙灯状》《拟进士对御试策》《上皇帝书》《再上皇帝书》等多封奏章，反对王安石"急政""苛政"，希望皇帝能注重大宋历经六帝形成的政治体系。

"陛下生知之性，天纵文武，不患不明，不患不勤，不患不断，但患求治太速，进人太锐，听言太广。"意即陛下您英明神武，不可谓不勤勉、不果断。但不可取的是：太急于求成，提拔官员太快，耳根太软，什么意见都听。请陛下静下心来，细心观察，徐徐图之。

神宗是知人善任之人，对苏轼的意见非常重视，表示一定深思熟虑，认真改过。

皇帝对苏轼的赏识和苏轼的公然反对使得变法派格外惶恐，不久，王安石的群小谢景温弹劾苏轼，诬陷苏氏兄弟在运送父亲灵柩回四川原籍的途中，曾购买名贵家具瓷器，并偷运私盐从中牟利等，无中生有的罪名只能是查无所实，此事不了了之。苏轼为避开政治旋涡，请求出京任职。熙宁四年（1071年），神宗派遣苏轼知颍州，没想到被宰相王安石篡改为担任通判，神宗皇帝将错就错，笔锋一转，改派苏轼去杭州任通判，也就是如今的杭州市副市长。

杭州城繁华富丽，物产丰饶，自古有"鱼米之乡""丝绸之府""人间天堂"之美誉。欧阳修的《有美堂记》里曾有这样的描述："独钱塘，自五代始时，知尊中国，效臣顺及其亡也，顿首请命，不烦干戈。今其民幸富完安乐。又其俗习工巧。邑屋华丽，盖十馀万家。环以湖山，左右映带。而闽商海贾，风帆浪舶，出入於江涛浩渺、烟云杳霭之间，可谓盛矣。"

所以，即便是个通判，也是颍州知州所不能比的，这大大的美差加之苏轼头上，足见神宗皇帝佑护苏轼的良苦用心。

这一年，苏轼三十六岁。

第三章 【鸿才】

> 胸有百万书是远远不够的,懂得变通,活学活用才能成就鸿才。战场上是这样,仕途上也是这样。
>
> ——题记

纸上谈兵的故事家喻户晓,说的是战国名将赵奢的儿子赵括,自幼跟着父亲饱读兵书,耳濡目染,对用兵之道知之甚多,连老谋深算的父亲都难不倒他,自认为"天下莫能当"。其父赵奢却不以为然,认为儿子对于兵法是只知其一,不知其二,如果日后赵国拜他为大将,必定遭受大败。

一语成谶。公元前259年,秦军来犯,廉颇将军指挥赵军在长平坚持抗敌。秦军无法取胜,采用反间计,派人到处散布"秦军最怕赵括将军"的言论,被谣言蛊惑的赵王求胜心切,派遣赵括取代廉颇统率三军。战场上,赵括生搬硬套兵书上的战略条文,完全打乱廉颇的战略方针,结果四十多万赵军在长平全军覆没,他自己也死于秦军乱箭之下。

这个故事告诉我们,胸有百万书是远远不够的,懂得变通,活学活用才能成就鸿才。战场上是这样,仕途上也是这样。

苏轼绝不是第二个赵括。"胸中万卷,致君尧舜"的他,不仅有雄奇壮阔的政论高见,有经世济民的远大抱负,更有不务虚名、不纸上谈政的施政能力,"不唯上、不唯书、只唯实"的工作态度,不贪功、不诿过的品行品质,是德才兼备的鸿才。苏轼这次赴杭州担任通判,就向世人充分证明了这一点。

苏轼四月奉命,十一月带着家眷到杭州就职。通判的官衔按照现在的说法就是杭州市副市长。当时的市长是陈襄。陈襄字述古,号古灵先生,他才识兼备,公正廉明,一身正气,在一线任职多年,目睹了新法施行过程中的诸多弊端,触目惊心,曾五次上疏,就"青苗法"之害奏明皇上,请求废除新法,为王安石、吕惠卿所忌。熙宁五年(1072年)五月,陈襄由陈州调任到杭州成为苏轼的顶头上司。

苏轼有了签书凤翔府判官的前车之鉴,有"海滨四先生"之首称号的陈述古虽比苏轼年长二十岁,和苏轼是上下级关系,但慕其才名,并没有把苏轼看作下属,而是奉为知音之交,犹如子期遇伯牙。陈太守和苏轼政事上配合默契，心系民生民苦，为民众办实事，广有口碑。

钱塘江潮水流经西陵，于杭州形成低洼潮湿的盐碱地，当地人们开荒垦地，种植桑麻，这里才繁荣起来。但这里的水苦涩兼有恶臭气味，农民们依山凿井，有了可以饮用的泉水，无奈这些水井根本供不应求。唐朝时期，宰相李长源率领百姓开凿钱塘六井：相国井、西井、金牛井、方井、白龟井、小方井，引西湖水供给百姓饮用。诗人白居易在杭州做刺史的时候，亦亲力亲为治理西湖，疏通水井。可是，毕竟年久失修，河塘堵塞，有些早已成为废井，吃水问题始终是杭州百姓的头等大事。

万物生长离不开阳光普照，也离不开水的滋养。水乃生命之本。为官一任，造福一方。陈太守和苏轼上任后，致力于西湖水利和杭州城市发展的调查研究，对杭州的六井进行了大规模的疏通修复。

苏轼亲自带领和尚仲文、子圭以及他们的弟子如正、思坦等二十多人，在西湖周边实地勘察，共同商议和制定疏通六井和沈公井的方案。他们挖沟、清淤、修补井壁，因地制宜，使得相国井水溢出井坎，向南流入漕河；疏通涌金池，将它分为上中下三个部分，发公文告知各州县百姓，坚决禁止洗衣、浴马这样的事在上池发生。在上池的门外还特别设置两道闸门，一道闸门连接池内将河水引入，另一道闸门设在石围栏里，以五根竹管引出池水，汇入河水流向东边，穿过三桥然后流入石沟，进入南井。

这样，水从高处流下，南井水清如鉴，照见人影。四道水闸均砌墙安置门锁，派专人巡查看护。第二年春天，六井大功告成，修葺完毕。这一年，天下少有地大旱，江浙各地的水井几近干涸，老百姓到了用瓦罐装水相互赠送的地步。独钱塘的百姓没有为用水焦虑，钱塘六井，始终清碧涓涓。杭州百姓无不为陈太守和苏通判叫好。

在《钱塘六井记》一文中，苏轼记载了他与陈太守齐心协力修浚六井的详细过程：

潮水避钱塘而东击西陵，所从来远矣。沮洳斥卤，化为桑麻之区，而久乃为城邑聚落，凡今州之平陆，皆江之故地。其水苦恶，惟负山凿井，乃得甘泉，而所及不广。唐宰相李公长源始作六井，引西湖水以足民用。其后刺史白公乐天治湖浚井，刻石湖上，至于今赖之。始长源六井，其最大者，在清湖中，为相国井，其西为西井，少西而北为金牛池，又北而西、附城为方井，为白龟池，又北而东至钱塘县治之南为小方井。而金牛之废久矣。嘉祐中，太守沈公文通又于六井之南，绝河而东至美俗坊为南井。出涌金门，并湖而北，有水闸三，注以石沟贯城而东者，南井、相国、方井之所从出也。若西井，则相国之派别者也。而白龟池、小方井，皆为匿沟湖底，无所用闸。此六井之大略也。

熙宁五年秋，太守陈公述古始至，问民之所病。皆曰：六井不治，民不给于水。南井沟庳而井高，水行地中，率常不应。公曰：嘻，甚矣，吾在此，可使民求水而不得乎。乃命僧仲文、子圭办其事。仲文、子圭又引其徒如正、思坦以自助，凡出力以佐官者二十餘人。于是发沟易甃，完缉罅漏，而相国之水大至，坎满溢流，南注于河，千艘更载，瞬息百斛。以方井为近于浊恶而迁少西，不能五步，而得其故基。父老惊曰：此古方井也。民甲李迁之于此，六十年矣。

疏涌金池为上中下，使浣衣浴马不及于上池。而列二闸于门外，其一赴三池而决之河，其一纳之石槛，比竹为五管以出之，并河而东，绝三桥以入于石沟，注于南井。水之所从来高，则南井常厌水矣。凡为水闸四，皆垣墙扃鐍以护之。

明年春，六井毕修，而岁适大旱，自江淮至浙右井皆竭，民至以罂缶贮水相饷如酒醴。而钱塘之民肩足所任，舟楫所及，南出龙山，北至长河盐官海上，皆以饮牛马，给沐浴。方是时，汲者皆诵佛以祝公。余以为水者，人之所甚急，而旱至于井竭，非岁之所常有也。以其不常有，而忽其所甚急,此天下之通患也,岂独水哉。故详其语以告后之人,使虽至于久远废坏而犹有考也。

作为杭州通判的三年任期里,苏轼为官政绩斐然,文学创作上也收获满满。

闲暇时间,他和朋友们游山看水,赏花宴饮,吟诗作赋,行歌互答,仿若南朝谢灵运之美言,"德不孤兮必有邻,唱和之契冥相因",好不快活逍遥。

愉悦的心情生发诗情,灵秀的山水孕育诗意,徜徉在西湖的湖光山色里,一首首适性任情的诗作水到渠成。

一天,苏轼和几个朋友在西湖湖畔饮酒娱乐。艳阳当空,花明柳暗,令人心旷神怡。陡然间,乌云漫过西天,山风荡涌,湖面上漾起涟漪几许,继而丝雨绵绵,烟波滔滔,茫茫千里,铺天盖地中有另一番空阔。

晴晴雨雨中,诗人饱览了西湖两种截然不同的旖旎风情:晴空丽日下的西湖,波光粼粼,银碎一般晶莹耀眼,恰到好处地展示着她的清秀婉丽;雨天的西湖,烟雨笼纱,缥缥缈缈,别一番袅娜情致。好似美丽的西子姑娘,空蒙山色是她淡雅的妆饰,潋滟水光是她浓艳的粉脂,不管她如何装扮,都悦目赏心,浓淡适宜,向世人展示出她的天生丽质和迷人神韵:

水光潋滟晴方好,

山色空蒙雨亦奇。

欲把西湖比西子,

淡妆浓抹总相宜。

——《饮湖上初晴后雨》

在苏轼的眼中,杭州西湖简直比吴越美女西施还要美上百倍。西子湖之名,就是由这首小诗得来。

这首脍炙人口的佳作,横扫古今西湖诗,被后人称为"前无古人,后无来者"的名篇。南宋诗人武衍云:"除却淡妆浓抹句,更将何语比西湖?"它亦成为杭州独树一帜的一张城市名片。在这张名片的推举下,美丽的西子湖,这一方绿水青山,闻名遐迩,美誉远扬。

杭州山水装点了苏轼的诗词,苏轼的诗词亦升华了杭州山水。杭州以其温柔的魅力浸润着诗人的心神,赢得他一见倾心。苏轼游山玩水,耳目余芳鲜,情不自禁,便把杭州作眉州:

未成小隐聊中隐,可得长闲胜暂闲。我本无家更安往,故乡无此好湖山。

杭州之丽,西湖之美,赋予苏轼无限的遐思,他把酒临风,泼墨挥毫，以不羁的胸襟、潇洒的风韵，为杭州留下无数不朽的诗作，诸如"黑云翻墨未遮山，白雨跳珠乱入船""三百六十寺，幽寻遂穷年。所至得其妙，心知口难传"等，佳句迭起；诸如《六月二十七日望湖楼醉书》《湖上夜归》《怀西湖寄晁美叔同年》等，佳篇频出。

正如林语堂老先生所言："西湖的诗情画意，非苏东坡的诗思不足以极其妙；苏东坡的诗思，非遇西湖的诗情画意不足尽其才。"苏轼这位大诗翁，为物华天宝的杭州积淀了丰厚的文化底蕴。

孟子说过：乐民之乐者，民亦乐其乐；忧民之忧者，民亦忧其忧。因为苏轼心里始终装着老百姓，凡事想着老百姓，感情贴近老百姓，所以老百姓也把他放在他们心里。

杭州人民爱戴这位他们喜欢的大诗人，爱戴他蓬勃生动的诗情，爱戴他潇洒明朗的神韵，爱戴他不拘小节、光明磊落的胸襟。他们视苏轼为师、为友、为至亲的亲人，传诵着许多关于他的趣话、逸事。

譬如"画扇断案"的故事。一日，苏轼正在审阅案宗。忽然外面吵吵嚷嚷进来一胖一瘦两个男人。问明缘由，原来他们一个是卖布的小商人，一个是卖扇的小商人，卖布的商人状告卖扇的商人，说他欠购绫绢的两万钱迟迟不还，自己急等钱用。卖扇的商人愁眉苦脸地申辩："大人，我冤枉，并不是我要故意拖欠他的钱不还。我安葬刚刚亡故的父亲花了不少钱，原以为卖了扇子可以还账，谁知入夏以来,雨水绵绵,做好的扇子积压在家里卖不出去。"苏轼听了,爽快地说:"回家把你做的扇子拿过来,我来帮你想办法。"待扇子送来,苏轼取空白的绢帛扇面二十把,拿起笔在上面涂涂抹抹,行书草书,山水盆景,枯木,竹石,栩栩如生。然后交给扇商让他拿到外面叫卖。那人刚走出府门,就有许多人争相购扇,很快扇子抢购一空。还清欠款,还稍有余钱,两个小商人千恩万谢回去了。

诗人就是诗人,连下判决书也能提笔成诗。说是有个叫了然的和尚,不喜修道念佛,但爱寻花问柳。他在勾栏看上一个名叫秀奴的妓女,千金散尽之后,秀奴不愿再和他见面。于是,这位了然和尚,在一个月黑风高的晚上,乘着酒兴去找秀奴,被拒后破门而入,将秀奴暴打至死。了然因杀人罪被官府羁押,审讯他时,衙役们赫然发现了然手臂上的两行刺青:但愿同生极乐国,免如今世苦相思。众人骇然,但为相思,未免残忍至极。

诗人通判不假思索,一纸判决书笔下生辉:

这个秃奴,修行忒煞。云山顶上空持戒。一从迷恋玉楼人,鹑衣百结浑无奈。

毒手伤人,花容粉碎。空空色色今何在。臂间刺道苦相思,这回还了相思债。

——《踏莎行》

【〇九九】

和尚了然被衙役们拉出去斩首示众，了然终了然。只是，这件事情和这首小调一起流传开来。

苏轼词创作的生涯是在杭州开始的。自古佳人爱才子，苏轼天纵奇才，倜傥风流，自然令天下美女留恋追捧。于是，在久远的宋代，苏大官人就拥有了数不胜数的超级粉丝。

一天，苏轼和几位朋友正在凤凰山下一座翘角亭子里饮酒聊天，忽见一艘装饰华丽的画舫划开湖面缓缓靠近过来。一位衣着婉丽、娴静淑雅的女子，端坐在船头低眉鼓筝。筝声好似玉佩轻轻敲击发出的声响，又似枝头即将飞离的黄莺的啼鸣，缥缈如梦，如怨如慕。

一曲终了，小女子起身款然施礼，轻启芳唇："我自幼仰慕苏大人的才华，凡是您的诗文都爱不释手，钦佩至极。可惜无缘得以和大人相见，今天听说您在西湖游玩，实在忍不住要来见您一面，以酬多年夙愿，为您奉上一曲，聊表敬意。"说罢再施一礼，返回船舱。不一会儿画舫远去，淡成墨痕，只有隐约的筝音依旧在湖面缭绕袅袅。

苏轼不胜感慨，脱口吟出：

凤凰山下雨初晴，水风清，晚霞明。一朵芙蕖，开过尚盈盈。何处飞来双白鹭，如有意，慕娉婷。

忽闻江上弄哀筝，苦含情，遣谁听！烟敛云收，依约是湘灵。欲待曲终寻问取，人不见，数峰青。

——《江城子·江景》

  雨过天晴的凤凰山下，清风吹拂着静谧的湖面，荡起层层涟漪。此时，正是夕阳西下的时候，西边的天空上，晚霞兀自涂抹一幕浓烈的油画，明媚鲜艳。轻盈洁白的荷花，一朵又一朵，在潋滟的波光中亭亭玉立。不知从何处，飞来两行翩翩白鹭，与田田荷花相戏成趣。这次第，美不胜收。

  忽然，从江上传来一阵如泣如诉的筝音，似在为谁把苦苦的相思之情倾吐，令人怦然心动。一曲终了，诗人欲上前探问伊人芳名，奈何水流船去，帆影依稀一痕间。

  横亘在眼际的，只有两岸青山隐隐，青山脚下茫无际涯的一湖浩渺，以及诗人一腔茫无际涯的落寞。

第四章 【超然】

> 人生不如意十之八九。在不如意的状况下苦中作乐，超然出尘，亦不失为一种人生大智慧。
>
> ——题记

熙宁七年（1074年）十月，苏轼杭州通判任期满三年，为远离政治旋涡，依旧请求外任。当时苏辙在山东齐州（今济南）供职，于是苏轼便呈请朝廷，到齐州附近的东州任职，兄弟俩距离近些，方便相互照应。

当时变法派正处心积虑想方设法要隔断神宗和苏轼的联系，唯恐苏轼东山再起，妨碍新政推行，此番提请正中朝中某些人下怀。又唯恐苏家俩高才生凑到一起"沆瀣一气"，更加难以对付，便从中作梗,一纸调令,为苏轼冠上一长串的官衔:朝奉郎、尚书祠部员外郎、直史馆、知密州军州事、骑都尉,罢杭州,徙密州(今山东诸城)。

这冗长的官衔,本是北宋职官的独特标志,前缀如许,像现代人的名片,水分颇多,其中包含"职"(本职)、"阶"(品级)、"衔"(官阶等级)、"爵"(世袭爵位)、"勋"(勋官)等复杂名目。"朝奉郎"是正六品文阶官,表示他的"阶",属资历等级;"尚书祠部员外郎"属礼部典祀官,是"衔";"直史馆"即"史馆"中工作的史官,是"兼衔";"骑都尉"是武官名,属于"勋"。后面这些官衔,不过是用作装饰的虚名,权且表明一个人的身份经历,非实权。其中,"知密州军州事"乃苏轼本职职务。一言以蔽之,就是密州市地级一把手,集市委书记、军分区政委、密州军政首脑于一身,掌握密州的政事、军事大权。

虽然官升一级,密州和杭州却有天壤之别。杭州鱼米之乡,富甲天下。密州地处潍河东岸,南临群山,北接东海,人多地薄,乃经济萧条之地。

密州与齐州同隶属山东,东西却相距近千里。从密州出发,需要横跨过整个山东半岛才能抵达齐州。这样来看,这次外调实属故意,打着照顾的幌子,暗里却是压制和挤兑。

北上赴任的苏轼,心底明镜一般,却不能够抗旨不遵。他打点行装,上任去。

【一〇三】

一个冷月如水、晨露凝霜的早上,牵着瘦马一匹,西风古道上踽踽独行的他,情绪低落到极点。于是,一首《沁园春·赴密州早行,马上寄子由》落笔而成:

孤馆灯青,野店鸡号,旅枕梦残。渐月华收练,晨霜耿耿;云山摛锦,朝露漙漙。世路无穷,劳生有限,似此区区长鲜欢。微吟罢,凭征鞍无语,往事千端。

当时共客长安,似二陆初来俱少年。有笔头千字,胸中万卷;致君尧舜,此事何难?用舍由时,行藏在我,袖手何妨闲处看。身长健,但优游卒岁,且斗尊前。

孤单的驿站,昏黄的灯光,霜气凝结的冬晨,刚刚从梦中惊醒的路人。寥寥数笔,极尽凄寒,入骨。凄寒之境凸显的亦是凄寒之事。诗人回忆少年时,与弟弟苏辙参加科举考试,因文章盖世名冠京师,那时兄弟俩抱负远大,渴望"书剑报国""尊主泽民",辅佐皇帝干出一番经天纬地的大事来。奈何,仕途多舛,世事难料,如今二人皆被派遣出京补外而去,在颠沛流离中虚度光阴,连见一面亦是山迢水远。此情此境,诗人不由得发出"世路无穷,劳生有限"的感慨。

思亲感伤,壮志难酬,往事千端。比荒芜还要荒芜的凄寒,比无际还无际的苦闷积郁心头,铸成沉重的枷锁,诗人不得开心颜。

不过，这种彷徨和苦闷倏忽而来，稍纵即逝。情深之苏轼，洒脱之子瞻。不惑之年的他，卸去少年负气，对复杂的人生已有了更清醒的认知，更具有非凡的自我疏解能力。他没有过多地怨天尤人，没有被世俗尘埃羁绊不前，而是借诗词的锋刃，把胸中块垒一笔一画雕琢于笔端，以一以贯之的从容、达观，超越小我，尽述情怀：用与不用在你，干与不干还在我自己，且畅游山河，莫思身外无穷事，但尽生前有限杯。

人生不如意十之八九。在不如意的状况下苦中作乐，超然出尘，亦不失为一种人生大智慧。苏轼之超然，举世茫茫，望其项背者寡。

因新法实施，苏轼的薪俸较之仁宗时期降低很多。他在《菊赋》的序言中说："余仕宦十有九年，家日益贫。衣食不奉，殆不如昔者。及移守胶西，意且一饱。而斋厨索然，不堪其忧。日与通守刘君庭式循古城废圃求杞菊食之。扪腹而笑。"

说有十九年官龄的他，在密州任上时，穷困潦倒至邀上通判刘庭式，一起去人家丢弃的废苗圃里采菊花果腹，吃饱后摸着肚皮相对而笑。

连一州太守都不能求得温饱，何况当地的老百姓乎？

这实在不是苏轼自己编故事诉委屈求同情，而是当时处境的情景写真。密州穷，不贪污不受贿仅靠俸禄养家的苏轼自然不会宽绰。从另一个层面来看，他与老百姓共度灾年、以苦为乐的襟怀，令人敬佩。

密州两年，苏轼做了三件大事。

【一〇五】

其一，赈灾除蝗。那一年，从夏天到入冬，密州境内白花花的大太阳每天早出晚归，晒得土地咧开大嘴，秧苗萎靡不振，空气中布满焦灼的分子。老百姓眼巴巴地盼望天降甘霖，来拯救饥渴的大地，以及大地上的万物生灵，奈何希望的小苗被一次次烤成焦黄。兼有黑压压的蝗虫自天而降、扫荡而来，吞噬着农田里零落稀疏的庄稼苗，也咬噬着密州百姓千疮百孔的心。密州百姓食不果腹，流离失所，饿殍满地，惨不忍睹。面对眼前的情况，苏轼忧心如焚，作为百姓的父母官，无力解救民众于水深火热，他深感痛心和愧疚，一首《和孔郎中荆林马上见寄》披肝沥胆，明心见性：

秋禾不满眼，宿麦种亦稀。
永愧此邦人，芒刺在肤肌。
平生五千卷，一字不救饥。
方将怨无襦，忽复歌缁衣。
堂堂孔北海，直气凛群儿。
朱轮未及郊，清风已先驰。
何以累君子，十万贫与羸。
滔滔满四方，我行竟安之。
何时剑关路，春山闻子规。

诗人不是一时兴起，空谈诗情不付诸行动，而是积极应对，急民所难。他开仓放粮,为断粮的饥民解燃眉之急;他上书朝廷,如实反映灾情,请求减免赋税,给予钱粮救济;他亲临田间地头,带领百姓用"秉畀炎火"之法和"荷锄散掘"之术,火烧、深埋,消灭蝗害,终至"蝗不复生矣"。

其二,除盗。密州这穷山恶水之地,治安相当不安宁,"盗贼渐炽",生民惶惑。针对这种状况,苏轼并不是盲目地采取极端镇压和强权剿灭的方式,去用武力对付,而是具体情况具体分析,先是通过摸底排查,对盗贼产生的根源做了精辟透彻的分析:"密州民俗武悍,恃好强劫,加以比岁荐饥,椎剽之奸,殆无虚日。"他认为天灾人祸互为因果,指出治盗必须治本,并与治事、治吏相结合,从而挖掉盗贼产生的根源。于是"明立购赏,随获随给,人事竞劝,盗亦敛迹"。

其三,收养弃婴。屋漏更遭连夜雨。密州乃贫困山区,加之连年遭灾,百姓"剥啮草木"才得以度日,为生计所困,许多人家不得已把嗷嗷待哺的婴孩抛弃在墙根儿道旁。苏轼带领众官兵"洒泪循城拾弃孩",把这些孩子分别安排到没有孩子的人家抚养,政府按月供给抚养费。两年内,共救活数十名幼婴。十年后,苏轼知登州途经密州,到州衙看望老朋友老部下,那些曾被收养的弃儿及其养父母,奔走相告,扶老携幼赶往州衙拜谢救命恩人,场面催人泪下。

天地民心。直至现在,密州(今山东诸城)百姓谈古论今,还对苏大人津津乐道，言之大善人，是古密州百姓的大救星。

南宋文天祥之《正气歌》开篇即言："天地有正气，杂然赋流形。下则为河岳，上则为日星。于人曰浩然，沛乎塞苍冥。"这首诗告诉人们，天地间有股正气，赋予万物之身。在地上，就是江河山岳；在天上，就是日月星辰；在人间，就是浩然之气，一种充塞宇宙的精神。所谓宇宙苍茫大世界，浩然正气充天地。善恶自有天做证，人善人欺天不欺。

所以，苏轼受到密州百姓的爱戴，同时也得到了上天的眷顾。

因为干旱缺雨，他痛心百姓疾苦，数次亲自前往城南的卧虎山祈雨，或许是苏轼的诚意感动上苍，数次祈雨，数次灵验，当地百姓认为苏轼是天上文曲星下凡，因之"常祈常验"，就把卧虎山的名称改为常山，更加敬爱他们的苏大人。

常山上有山泉，位于北侧的山坳中，泉水甘冽，水流涓涓。苏轼命人在山泉处凿石为井，解决百姓的水源问题。为表达对上苍的谢意，命工匠在井上建亭，这就是雩泉亭的由来。苏轼曾作《密州常山雩泉记》记之：

> 常山在东武郡治之南二十里，不甚高大，而下临城中，如在山下，雉堞楼观，仿佛可数……东武滨海多风，而沟渎不留，故率常苦旱。祷于兹山，未尝不应。民以其可信而恃，盖有常德者，故谓之常山。熙宁八年春夏旱，

【一〇八】

轼再祷焉，皆应如响。乃新其庙。……

两年后，苏轼离任密州，临走时再上常山，提笔留字，一首《留别雩泉》，别情依依，和清澈的泉水一起，甘冽至今：

举酒属雩泉，白发日夜新。
何时泉中天，复照泉上人。
二年饮泉水，鱼鸟亦相亲。
还将弄泉手，遮日向西秦。

雩泉因苏轼而有名。文人骚客慕名而至，在此留下许多名词绝句，赞美常山雩泉亭。现在，原址上的雩泉亭已然不在，泉犹清水在涧，供附近村民饮用。吃水不忘挖井人。泉，常在，苏轼常在，在常山，在密州百姓心间。

常山东南蜿蜒十五里处有一山峦叫黄茅冈，附近有一水沟叫铁沟，这里林密草丰，溪流潺湲，常有野兽出没，是围猎习射的好地方。苏轼时常带领密州兵士到黄茅冈、铁沟一带，与同僚会猎习射。

熙宁八年（1075年）七月，北宋朝廷受辽主胁迫，"割地以畀辽""凡东西失地七百里"。苏轼闻讯，心如灌铅。是年冬，苏轼满怀捍卫国家、杀敌立功的豪情，写下开爱国词先河的《江城子·密州出猎》：

一〇九

　　老夫聊发少年狂，左牵黄，右擎苍，锦帽貂裘，千骑卷平冈。为报倾城随太守，亲射虎，看孙郎。

　　酒酣胸胆尚开张，鬓微霜，又何妨？持节云中，何日遣冯唐？会挽雕弓如满月，西北望，射天狼。

　　喜爱东坡词的读者无不喜欢这首《江城子·密州出猎》，欣然成诵，爱不释手。东坡为人本就豪放不羁，此词写就真性情，豪气干云，狂放疏阔。读之，禁不住以身临境，跟着他弯弓射虎，豪气一回。

　　开篇"老夫聊发少年狂"先声夺人。而后，一"狂"字统贯全篇。什么样的事件令年届四十的一州太守发狂呢？原来是苏太守带着部下在铁沟狩猎。

　　且看，一身戎装的太守左手牵着黄犬，右臂架着猎鹰，英姿飒爽。他的身后紧紧跟从着同样打猎装束，锦帽貂裘、勇猛无畏的随从，一大群人越野腾空，呼啦啦千骑卷平冈，好不威武壮观。

　　更让太守兴奋的是，全城百姓倾城而出，来为这次出猎助威呐喊。生子当如孙仲谋，谁说不是呢？今天的苏太守就像当年的孙仲谋一样，弯弓射虎，大显身手。

　　"持节云中，何日遣冯唐"一句取自历史故事。汉文帝云中太守魏尚镇守边陲，抗击匈奴，他治军严明，常用自己的俸禄，杀牛宰羊，宴请兵士，获得将士拥戴。他带领的军队士气很高，屡建奇功，但因上报朝廷的杀敌数字与实际差了六颗头颅，被削职查办。郎中署长冯唐认为对魏尚的处理不当，奖赏太轻，处罚太重，当面向皇上直谏。文帝派冯唐手持符节去云中赦免魏尚的罪过，恢复了他云中太守的官职。

东坡借这次铁沟打猎，牛刀小试，希望朝廷委以边任，征讨西夏。一个文人要求带兵打仗，并不奇怪。汉朝名将班超投笔从戎，范仲淹曾出帅戍边平定叛乱。苏轼另一首《祭常山回小猎》诗中有这样的句子，"圣明若用西凉簿，白羽犹能效一挥"，自解曰："意取西凉主簿谢艾事。艾本书生也，善能用兵，故以此自比。若用轼为将，亦不减谢艾也。"可见，渴望驰骋沙场的思想早已有之，不是诗人一时冲动。

词上阕出猎，下阕请战，抒兴国之志，壮安邦之豪情，场面恢宏阔大，大有宝刀未老、横槊赋诗的气势。"会挽雕弓如满月，西北望，射天狼"，结句以挽弓劲射的英雄形象收束，把弓弦拉得像满月一样，射掉那贪残成性的"天狼星"，将西北边境上的敌人一扫而光。英气逼人，气宇轩昂，成为千古佳句。

关于这首词，苏轼在写给好朋友鲜于侁的书信里颇为自得："近却颇作小词，虽无柳七郎风味，亦自是一家。呵呵，数日前猎于郊外，所获颇多。作得一阕，令东州壮士抵掌顿足而歌之，吹笛击鼓以为节，颇壮观也。"虽是自己夸自己，但所言不虚，言之情切，让人颔首。

二

在执政以及文学创作方面，苏轼均不是墨守成规、抱残守旧之人。他不赞成新政，只是不赞成新法中不切合现实社会、不利国利民的某些政令。自始至终，他都是一个积极进取、立足创新的开拓者。这首词是他第一次作豪放词的尝试。

当时的北宋词坛，词风香艳软媚、偎红倚翠，这首词横空出世，可谓耳目一新，自成一体，对南宋以及后世的爱国词有直接影响，在题材和意境方面都具有开拓意义。刘辰翁在《辛稼轩词序》中说："词至东坡，倾荡磊落，如诗如文，如天地奇观。"《江城子》即是有力的举证。

密州的超然台是苏轼留下的标志性建筑。西北城墙有"废台"，风剥雨蚀，一片斑驳。苏轼命工匠修葺，在其上复加栋宇，作为登眺之所，书信请苏辙为其题名。知兄莫若弟。深悉兄长性情的苏辙取《老子》"虽有荣观，燕处超然"文意，为其命名"超然台"，并作《超然台赋》予以赞咏，夸其"高台凌空"。苏轼亦撰文《超然台记》和之。

超然台遂成为诗词之灵台，每每登及，苏轼都诗兴勃发。万人传诵的《水调歌头》《雪后书北台壁二首》《前瞻马耳九仙山》等动人诗篇，都是以此台为依托，一气呵成。后人诗云："若无子由明兄意，神州那得超然台。优游物外迪心智，诸城至今寻旧台。"意在赞颂苏家兄弟俩为后人留下的精神文化福祉。

熙宁九年（1076年）暮春，苏轼登临超然台，眺望烟雨千家，触动乡愁几许，写下了《望江南·超然台作》：

> 春未老，风细柳斜斜。试上超然台上望，半壕春水一城花。烟雨暗千家。
> 寒食后，酒醒却咨嗟。休对故人思故国，且将新火试新茶。诗酒趁年华。

这首词和《赴密州早行》手法相似，上片写景，下片寓情。不同的是，上片之景，斜柳、楼台、春水、城花、烟雨纷披笔端，勾勒出一幅引人入胜的暮春丽景；下片寓情，"以乐景衬哀情"，寄寓诗人欲归归不得，思念故人，怀念家乡，有志难酬的无奈与怅惘。乡愁无措，且以新火试新茶。乡愁苦，苦烹茶，聊以为乐，佐以诗酒，谱写人生美丽年华。

疲惫的心，如果不能超然物外，就必然要被外物所奴役。

所以，当你感到命运不公的时候，要善于疏导自己。不要因为遭遇不公而心怀愤懑，那样会让自己身心俱疲，得不偿失；也不要因为受到打击就自暴自弃，一蹶不振，那样只能让自己损失更大。

不妨"休对故人思故国，且将新火试新茶"，捧一卷诗书，斟一盏新茶，携一壶老酒，超然出尘、乐天知命。

诗酒趁年华。

第五章 【常棣】

> 常棣之华，鄂不韡韡。凡今之人，莫如兄弟。死丧之威，兄弟孔怀。
>
> ——《诗经·常棣》

常棣，别名郁李、棠梨，属蔷薇科，生长于南方山坡上。常棣的花，常常两三朵攒在一起，比肩而开。先民有感于其息息相依，歌以咏之："常棣之华，鄂不韡韡。凡今之人，莫如兄弟。死丧之威，兄弟孔怀。"寓意同根所出、亲密无间的兄弟天伦。

是啊，常棣花儿朵朵开放，花萼、花蒂在阳光下光鲜明亮。但看当今世上众生芸芸，谁人能比兄弟更亲近。遭遇死亡威胁谁不怕，唯有兄弟常常问候和惦记。

人的一生中，手足之情历经时间之久，所占情分之重，是不争的事实。兄弟情谊，如山，似水，雄伟壮观，清澈剔透；兄弟二字，承载着太多的感情。在《诗经·常棣》一诗里，先民情不自禁地发出"凡今之人，莫如兄弟"的感叹，既是对兄弟亲情的颂赞，也表现了华夏先民传统的人伦观念。上古先民的部落家庭，以血缘关系为基础。在他们看来，"兄弟者，分形连气之人也"（《颜氏家训·兄弟》）。因而，比之良朋、妻子、儿女，他们更重视兄弟亲情。

一母同胞，血浓于水。古今中外，围绕手足情出现过许多感人至深的故事和诗篇。

东汉史学家、文学家班固自幼聪敏好学，博学多闻。在父亲班彪的影响下研究史学，后撰写《汉书》。但是却无端遭到小人构陷，因"私改国史"罪名陷入牢狱之灾，写的书也被全部没收查办。其弟班超得知此消息后，十万火急，星夜狂奔，到京师面见皇上。明帝看了班超递上来的奏折，让地方官飞马送来班固的史书核查。

明帝，名如其人，是个明白人。读阅后非但没有怪罪，反而十分欣赏班固的才华，乃赐班固为兰台令史，负责修史，为《汉书》的问世出一份力。《汉书》得以名传天下，班超功不可没。打虎亲兄弟，上阵父子兵。试想，若非班超冒死觐见，言明班固被佞臣所害，这部后世"正史"之楷模，怕来不及成书，就灰飞烟灭了。

兄弟就是手心和手背。他们有福可能不必同享，但有难必定同当。

苏轼和弟弟苏辙亦是一对情意甚笃、荣辱与共的好兄弟。弟弟

【一一五】

苏辙是苏轼生命中最重要的亲人兼朋友,因为对彼此未知命运的相互关切,以及在人格上的相互倾慕;他们之间超越了寻常的兄弟感情,达到了精神上的真正对话。苏轼有诗"岂独为吾弟,要是贤友生""嗟余寡兄弟,四海一子由"。他们的书信往来与诗词唱和,是苏轼在尘世喧嚣中不可或缺的心灵补益,是苏轼复原精神气力的重要源泉。

在苏轼的诗文中,写得最多的就是兄弟情谊,许多首怀人之作,为兄弟而发。

初入仕途,苏轼曾借一首《辛丑十一月十九日既与子由别于郑州西门之外》与兄弟共勉:

寒灯相对记畴昔,夜雨何时听萧瑟。
君知此意不可忘,慎勿苦爱高官职。

元丰三年(1080年),苏辙沿江而上,去黄州探望被贬的兄长,遇江上风浪,不得不在磁湖滞留二日,因念兄心切,作诗《舟次磁湖以风浪留二日不得进子瞻以诗见寄作》以寄之:

惭愧江淮南北风,扁舟千里得相从。
黄州不到六十里,白浪俄生百万重。
自笑一生浑类此,可怜万事不由侬。
夜深魂梦先飞去,风雨对床闻晓钟。

夜雨对床听萧瑟，纵然短暂，却是苏氏兄弟相互鼓励、扶持的温馨的精神栖止。兄弟手足情感交汇的那一刻，深深触动了我们的心弦。

苏轼为与弟弟距离近些，请求外放山东，谁承想远赴密州，和兄弟距离越来越远。熙宁九年（1076年）的中秋月夜，月圆人不圆，苏轼欢饮达旦，大醉之际更加怀念已五年未曾谋面的弟弟。望月怀远，生出无限悲辛之感，一曲《水调歌头·明月几时有》，绝唱千古：

明月几时有？把酒问青天。不知天上宫阙，今夕是何年。我欲乘风归去，又恐琼楼玉宇，高处不胜寒。起舞弄清影，何似在人间。

转朱阁，低绮户，照无眠。不应有恨，何事长向别时圆？人有悲欢离合，月有阴晴圆缺，此事古难全。但愿人长久，千里共婵娟。

古往今来，月作为相思离愁的载体，在唐风宋韵里，藻饰无数佳句名篇，曼妙几多诗情话语。

德国哲学家黑格尔说："抒情诗是愉悦或痛苦的心情的自由流露，有了这种心情，就要把它歌唱出来，心里才舒服。"而我们在诗歌创造的这种无比悲凉的情境里，心灵得以净化。

这个清冷的秋夜，诗人独自面对这一轮清亮，曰婵娟，低语

【一一七】

情愫。

素服青衣,蛾眉淡扫。今夜的月,似一枝乍开的海棠,踩着碎碎莲步,款款而来。

诗人举杯邀月,不胜酒力的他,脑际全身,乃至头顶斑白的发梢上,都氤氲着醇酒的浓香,他喝得酩酊,醉得彻底。仿佛也只是刹那的幻觉,眼底,星河灿烂,月影迷离,触之,可及。步履踉跄的诗人禁不住喃喃自问:"不知天上宫阙,今夕是何年。"

诗人叩问何人?是远方的子由,是微醺的自己?是迷蒙的月光,是手执的酒樽?抑或都不是,抑或都是。子由远在千里之外,月色弥漫,杯冷酒残,他触不到安慰,找不到一个聊以慰怀的答案。

此时,热闹,繁华,兴奋,激情,诱惑,释放,白日里放旷的喧嚣,消失殆尽。诗人的思想游离身外,生出双翼穿越杳杳奔向天穹。

苏轼受庄子影响,素有超然物外的情怀,又崇尚道教的养生之术,所以常有羽化登仙的想法。

现实生活如此令人沮丧,满怀报国热情却备受冷遇,经历这么多的不称心、不满意之事,迫使词人幻想摆脱这烦恼人世,远遁红尘羁绊,乘着徐徐清风,飞临广寒宫,和吴刚持觞斗酒,与嫦娥霓裳共舞,到琼楼玉宇中去过逍遥自在的神仙日子。

但很快,他就放弃了这个念想。还是回到人世间来吧,天上宫阙固然不染尘埃,却不及人间一缕温暖。他追求遗世独立的人格境界，渴望现实人生的完满团圆，洞彻人生的他对现实生活自始至终保持着足够的热情。

出世与入世，隐退与仕进的矛盾心情，在诗句里草蛇灰线，伏延千里。生性旷达的苏轼，在诗句中直抒胸臆，表达心中的苦闷和复杂的心理矛盾并不是最终目的，而是一吐心结，自我纾解，以便重新寻找生存价值，为自己的灵魂找到皈依之所。

苏轼的诗句中常常充满宿命的伤感："亦知人生要有别，但恐岁月去飘忽……君知此意不可忘，慎勿苦爱高官职！"但是苏轼绝不悲观厌世，他一生在激烈动荡的宦海沉浮，备受政治倾轧，却始终肩负强烈的历史责任感，辗转在瞬息万变的官场，纯真刚正走完一生。在任职期间，无论在朝中还是外任，都不失为一位有能力有作为的政治家。

苏轼一生，以崇尚儒学、讲究实务为主。儒家有"入世"之说，主张要积极寻求实现自身社会价值的机会。

这首《水调歌头·明月几时有》，"逸怀浩气，超乎尘垢之外"，给人以酣畅淋漓的快感和赏心悦目的享受。诗人把手足之情，升华到对人生哲理的探索，醒世妙句，自然天成。《苕溪渔隐丛话》赞："中秋词，自东坡《水调歌头》一出，余词尽废。"

宋神宗熙宁十年（1077年）四月，苏轼从山东密州调到徐州任知州。

同年，苏辙改任著作佐郎，随南都（今河南商丘市）留守张

一一九

方平任签书应天府判官。苏轼从汴京到徐州赴任,正好路经此地,于是兄弟俩一同到南都拜访张方平。张方平是苏洵故交,曾为父子三人写过推荐信。他非常赏识三苏,每以国士相待。当他得知兄弟俩已近七年未曾谋面,相聚不易,特许苏辙长假,与兄长偕行徐州,逗留百日之久。

没有比这样的会面更令人愉快的事情了。兄弟俩宿于徐州州衙逍遥堂,对床而眠,夜话平生。这样的时日,无论对苏轼还是苏辙来说,都是入仕以来最为愉快的时光。

适逢中秋,二人一起泛舟赏月,度过了一个团圆的佳节。

然,欢乐的日子何其短暂,人生总是聚少离多。中秋过后,子由又要转道南都。在这月圆的日子又要别离,望着头顶明月,苏辙愁绪万千,一吐为快:

离别一何久,七度过中秋。去年东武今夕,明月不胜愁。岂意彭城山下,同泛清河古汴,船上载凉州。鼓吹助清赏,鸿雁起汀洲。

坐中客,翠羽帔,紫绮裘。素娥无赖,西去曾不为人留。今夜清尊对客,明夜孤帆水驿,依旧照离忧。但恐同王粲,相对永登楼。

——《水调歌头·离别一何久》

是夜，月光如水水如天，风影依稀似旧年。浩渺的月光，端然一方明媚柔和，却又几多无情，拒绝为喜欢她的人儿留下清影，兀自缓缓西沉。今晚的你我，还在一处举杯咏月，把酒言欢，可是明日的明日，我又要孤帆水驿，天涯飘蓬，此一别，再次相逢不知何年何地，怎不令人伤感莫名。

仕路茫茫，前途未卜，亲人话别，愁绪深沉。这一刻，应是百日逍遥堂欢乐的手足天伦，下一刻，则面临着生离别的无奈。无语凝噎。泪湿青衫。短暂的欢聚，终究无法补偿长久别离带来的深重感伤。诗人的无奈与痛楚，氤氲于字里行间，触之不忍。

此一阕，苏轼曾词下小注："余去岁在东武，作《水调歌头·明月几时有》以寄子由。今年子由相从彭门居百余日，过中秋而去，作此曲以别。余以其语过悲，乃为和之，其意以不早退为戒，以退而相从之乐为慰云。"

兄弟俩之《水调歌头》各有千秋，情深义厚。为开解弟弟，苏轼又击掌酬和：

安石在东海，从事鬓惊秋。中年亲友难别，丝竹缓离愁。一旦功成名遂，准拟东还海道，扶病入西州。雅志困轩冕，遗恨寄沧洲。

岁云暮，须早计，要褐裘。故乡归去千里，佳处辄迟留。我醉歌时君和，醉倒须君扶我，惟酒可忘忧。一任刘玄德,相对卧高楼。

——《水调歌头·安石在东海》

"东武"指密州,"安石"指谢安,为东晋名臣,早年隐居会稽(今浙江绍兴市),东面濒临大海,故称东海。苏东坡自比谢安。"从事"指子由,苏辙任签书判官,为州府幕僚,俗称从事。

苏轼以谢安的故事起笔,意在"以不早退为戒",表达自己决不会热衷于仕途不知进退,待到功成名遂,和弟弟相约一起告老还乡。

最令人感怀的是"我醉歌时君和,醉倒须君扶我"一句,极写想象中"退而相从之乐"的情态,形神兼备,妙不可言。酒醉放歌君相和,醉倒在地君扶我,忘了烦恼忘了忧。任凭刘备笑我胸无大志,我愿身居平地,仰看他高卧百尺楼头。这是苏轼对功成身退后辞官归隐、乐享弟兄"相从之乐"的夙愿。反复吟咏这几句,仿佛看到,兄弟俩开怀痛饮一场,醉后相搀相扶走出幽深的巷子。而你,就站在不远处,微微一笑,目送他们远去。

此种旷达随性,唯有子瞻!

其实,苏轼一直怀抱"今者宦游相别之日浅,而异时退休相从之日长"的念想,为自己和弟弟全身而退做准备。渴望做一闲人,对一张琴,一壶酒,一溪云,举酒属客,诵明月之诗,歌窈窕之章。遗憾的是,他在诗词中不断表达的这种归卧故山的雅志,终究生年两茫茫。而苏辙词中的"但恐同王粲,相对永登楼",一语成谶,成为二人后来坎坷仕途的真实写照。

晚宴后,苏东坡陪弟弟到逍遥堂外一同赏月。习习的晚风掠过丝丝凉意,如心头漫卷的伤感。尽管苏轼一再宽慰弟弟对暂时的别离不必过于悲切,但此时连他自己也抑制不住心头恣肆的离愁别绪,一首咏月思亲的千古名作脱口而出:

暮云收尽溢清寒,银汉无声转玉盘。
此生此夜不长好,明月明年何处看。

——《阳关曲·中秋月》

诗题"中秋月",自然隐含"人月圆"之喜悦;调寄《阳关曲》,则又关乎别情。

"此生此夜"对应"明月明年",叠字唱答;兼之"不长好""何处看",否定与疑问回环往复,情韵深致。和李白"一叫一回肠一断,三春三月忆三巴"(《宣城见杜鹃花》)有异曲同工之妙。

夜幕降临,云气收尽,天地间充满了寒气,银河流泻无声,月上中天,像一轮玉盘洁白晶莹。

每逢中秋之夜,月光多为云翳所掩,很少遇到像今晚这样的良宵盛景。云无空碧在,天静月华流。于今晚能看到这么一轮满月,多么完美和圆满,令人欣喜。明年的中秋,是不是还会月华倾盆?

经年的你我，又会在何处观赏这轮团圆之月呢？

"明月明年何处看"表明诗人怀着对未来的美好希望，然而后来迎接他们的却是更为坎坷与险恶的仕途。逍遥堂的这个中秋之夜，成为兄弟二人最美好的留念。自此，他们再也没有共度佳节，月下共饮同欢，这是一生的遗憾。

曲为心声，又深然契合羁旅游子的乡思心念。因此，千百年来，"此生此夜不长好，明月明年何处看"传诵不衰。

自从踏上官宦仕途之路，苏轼兄弟二人的命运就紧密联系在一起。他们的政治见解相同，也都敢于直言极谏。他们因才略而被任用，也因才略而罹难。当兄长被一贬再贬时，弟弟也因为受牵连而日子很不好过，但做弟弟的没有和哥哥划清界限，独自奔赴自己的大好前程，甚至从来未有过丝毫怨言。在勘问"乌台诗案"的过程中，苏辙愿意以自己的官爵为长兄苏轼赎罪，结果被贬为筠州监酒，吃尽苦头。后来苏轼第三次被贬，居于儋州，位于海南，而苏辙也因为哥哥而受牵连被贬雷州。兄弟二人，一南一北隔海相望。

在一起被贬的日子里，兄弟俩依旧以诗传情，推心置腹。"中秋谁与共孤光。把盏凄然北望。"读来令人戚戚。

"凡今之人，莫如兄弟。"亲情的支持，是无比强大的生命动力。因为，爱是无敌的，可以创造无限可能。

但愿人长久，千里共婵娟！

第六章 【黄楼】

> 你们所多的是生力,遇见深林,可以辟成平地的,遇见旷野,可以栽种树木的,遇见沙漠,可以开掘井泉的。
>
> ——鲁迅

与苏辙别后不久,徐州就遭受了一场严重的涝灾,于苏轼而言,同样是一次巨大的考验。

徐州及周边地区连降大暴雨,黄河决口,几天工夫,大水吞噬四十五个州县,毁坏庄稼农舍无数。水势凶猛,潮头涌到徐州城下,高达二丈八尺,高出城中平地一丈零九寸,随时可能冲毁城墙,一泻千里。水火无情,徐州,危在旦夕。

在危急存亡关头,苏轼沉着果断,亲临现场,为抗洪抢险做周密细致的安排部署。首先,他安排精兵强将严加把守城墙和城门,保障徐州这一坚实屏障。

面临灾患,人心惶惶。斯时,徐州的有钱人家纷纷备足车马,收拾金银细软,要求出城避难。苏轼深知,如果此时开城放人,势必引起民心大乱,人人自危,徐州将不保。他拦住这些人家,慷慨激昂地保证:城在人在,人在城在,一个人都不能走!我苏轼和大家一起抗灾自救,决不能让洪水冲毁我们的家园!想要出城避难的富人看到太守的决心和信心,不再要求弃城逃命。

苏轼迅速调集五千民夫日夜加固城墙。他冒雨踏着泥泞赶到驻防徐州的禁军驻地,请求支援:"河将害城,事急矣!虽禁军,且为我尽力!"宋朝的禁军由皇帝直接调动,地方官不能擅自调配。但眼下十万火急。

"太守犹不避涂潦,吾侪小人效命之秋也!"禁军首领在苏轼的感召下,迅速集结全体官兵奔赴抗洪第一线。军民众志成城,万众一心。终于,赶在最大洪峰到来之前,于徐州的东南方向,筑起一道长九百八十四丈、高一丈、宽二丈的大堤,把汹涌的洪水挡在城外,确保了全城百姓的安全。

大堤筑成,苏轼没有高枕而卧,毫不松懈的他立即召集本地的水利专家实地勘测,商议制定彻底解决黄河水患的有效方案。经过多方考证,他们决定因势利导,开凿徐州北部的清冷口,将洪水引入黄河故道,从根本上解除威胁。

这场洪水围困徐州七十多天，两个多月的日子里，苏轼亲荷畚锸，布衣草屦，"庐于城上，过家不入"。随着洪水回归黄河故道，终于，徐州解围，百姓欢天喜地，围着他们敬爱的太守载歌载舞。苏轼诗云："入城相对如梦寐，我亦仅免为鱼鼋。"彰显了他的快乐和幽默。

此次水患，作为太守的苏轼显示了卓越的处理政务的能力，神宗皇帝对他的表现非常满意，亲自颁发奖励政令："亲率官吏，驱督兵夫，救护城壁。一城生齿，并仓库庐舍，得免漂没之苦。"苏轼没有躺在功劳簿上满足现状，临时的堤防只能做权宜之用，他为徐州做了更长远的打算。他连夜写奏章，向皇帝申报修建石头城墙的详细计划与预算，恳请圣上给予财力支持。第二年，朝廷给徐州拨款两千四百一十万钱，粮食十万多斤，用工七千多人，在城东南修建防洪外墙。

八月中旬，防洪外墙竣工，苏轼特别在城墙上修建了一座高达十丈的楼台，命名黄楼，取黄土克水之意，作为徐州人民抵御洪水的力量和象征。九月初九重阳节，黄楼举行盛大落成典礼，徐州全城万人空巷，前来参加。东坡欣然提笔，赋诗记录：

去年重阳不可说，南城夜半千沤发。
水穿城下作雷鸣，泥满城头飞雨滑。
黄花白酒无人问，日暮归来洗靴袜。

[一二七]

岂知还复有今年，把盏对花容一呷。
莫嫌酒薄红粉陋，终胜泥中事锹锸。

——《九日黄楼作》

远在南都的苏辙闻此喜讯，连夜撰写《黄楼赋并叙》一文，向兄长道贺。后来，黄楼成为苏轼在徐州所作诗歌总集的名称，正如超然台作为密州诗歌总集的名称一样。

杭州、密州、徐州，八年的地方工作历练，使得苏轼的眼界更加开阔，思想更加深刻，也实实在在践行了他为官一任造福一方的从政纲领。其间，他并没有荒废自己的那支健笔，无事不可写，无意不可入，创造出许多优秀的诗词篇句。

"诗言志，酒载情"是这一时期苏轼诗文的一个显著特点。"醉里乾坤大，壶中日月长。"中年之后，他的生活和创作都不曾离开酒。和"将进酒，杯莫停""但愿长醉不复醒"的李白不同，苏轼酒量甚小。他爱酒，但求杯中乐趣，绝不酗酒成性；饮酒只求微醺半酣，不求一醉方休。因为酒至半酣，方能才思泉涌。他在《湖上夜归》诗中写道："我饮不尽器，半酣味尤长"，点明自己不以酒量为取，而以境界称胜。只要是感觉酒已到量，绝不多饮。即便杯中尚有酒，也让它去吧。所以，他是个节制理性的饮者。适可而止，量力而行，堪称追求醉生梦死的现代饮者的榜样。

【一二八】

在苏轼的心目中，酒是"钓诗钩"，酒是"扫愁帚"。和极好宾客的孔融一样，豪爽热情的他崇尚"座上客常满，樽中酒不空"，不喜欢独自喝闷酒，喜欢热热闹闹，和朋友一起诗酒相娱。他言："使我有名全是酒，从他作病且忘忧。"在他的诗文中，甚少有借酒浇愁的内容，写下的多是追求自由、闲适、疏放的个人志趣，以及对生活的赞美和祝福。酒赋予苏轼飞扬的情思与灵感，让他心思单纯，欢乐时高歌，悲伤时落泪，与那些情感麻木，喜好"权术""控制""喜怒不形于色"的人截然不同，把对待生活的观点和态度，尽书于诗句中。

"入城都不记，归路醉眠中""但喜宾客来，置酒花满堂""山城薄酒不堪饮，劝君且吸杯中月""酒困路长惟欲睡，日高人渴漫思茶。敲门试问野人家""老幼扶携收麦社，乌鸢翔舞赛神村。道逢醉叟卧黄昏"，都是他的"借酒抒怀"，充分体现了其在徐州期间的畅快心情和"乐民之乐、忧民之忧"的爱民思想。

这时候，大宋文坛盟主之位已经非学博才高的苏轼莫属，就连神宗皇帝也成为他的忠实读者，每每阅读苏轼新作，手不释卷，惊叹连连。更不用说天下文人儒生了，众多诗客慕名千里迢迢赶来拜在他的门下，希望苏夫子指导一二。其中就有诗词大家秦观和黄庭坚。

世人皆言文人相轻，其实相轻也只限于彼此伯仲之间，水平类似难分高下的情况，若是对方水平高到让你必须仰视的地步，就不便妄言"相轻"了。

　　黄庭坚在当时已经很有名气,后成为江西诗派的鼻祖,世人素以"苏黄"并称。苏轼对他极为欣赏,以"诗思高旷,数百年来未之见也"为他点赞。但黄庭坚在拜师帖中,仍自谦为深谷的小草,仰慕苏轼这棵高崖的青松,终生以苏门弟子自居。

　　号称"诗词清新柔媚,几追柳七"的秦观亦对苏轼佩服得五体投地,以"我独不愿万户侯,惟愿一识苏徐州""不将俗物碍天真,北斗以南能几人"的诗句,明心见性,剖白心迹,前来拜谒苏大人为师,唯苏轼马首是瞻。

　　秦观与黄庭坚,再加上淮阳结识的张耒、杭州结识的晁补之,苏门的这四位弟子,皆毛遂自荐师事苏轼,对才气纵横的苏轼,事得心悦诚服,五体投地。在苏东坡的有生之年,同他患难同当,荣辱与共,成为历史上著名的"苏门四学士"。

　　天下没有不散的筵席。元丰二年(1079年)初,朝廷命苏轼移知湖州,消息传来,徐州父老奔走相告,从四面八方涌来,簇拥在他们爱戴的父母官马前,依依难舍,泪水涟涟。苏轼在徐州工作一年零十一月,也舍不得朝夕相处的徐州人民,挥泪作别:

　　　　天涯流落思无穷。既相逢,却匆匆。携手佳人,和泪折残红。为问东风余几许?春纵在,与谁同!
　　　　隋堤三月水溶溶。背归鸿,去吴中。回首彭城,清泗与淮通。欲寄相思千点泪，流不到，楚江东。

——《江城子·别徐州》

在漫长的封建社会，做过徐州父母官的人不计其数，大都湮灭在历史尘烟里。唯有苏轼，这个只在徐州做了不到两年知府的使君，却世世代代铭刻在徐州老百姓的心间。黄楼、快哉亭、放鹤亭、东坡石床、苏堤等历史遗迹，承载着徐州人民对苏大人的无比尊重和怀念。

第七章 【乌台】

我不愿在任何地方卑躬屈膝,因我在哪里屈膝,就在哪里变为谎言。我愿我的感官在你的面前真实。

——里尔克

谗毁作为一种社会现象,虽然丑陋,在这个世界上却从没有消失过,总有一小撮儿小人为一己之私放弃道德,不择手段地在人背后捅刀子,栽赃构陷,造谣中伤。

早在先秦时代就有这样的先例,《诗经·青蝇》就是一首指斥谗言的诗:

营营青蝇,止于樊。岂弟君子,无信谗言。

【一三二】

营营青蝇,止于棘。谗人罔极,交乱四国。
营营青蝇,止于榛。谗人罔极,构我二人。

诗中把搬弄是非、颠倒黑白的小人,比作青蝇,也即苍蝇。他们像令人讨厌的苍蝇一样,追腥逐臭,无孔不入;为了达到某种不可告人的目的背信弃义,诬陷诽谤。此诗警醒世人,谗言是祸乱国家和人际关系的最大祸首,规劝帝王、君子在处理政务的时候,千万不要被别有用心的谗言左右。

说谗言杀人,绝不是危言耸听,譬如三人成虎的故事。

战国时期,魏国大臣庞恭陪伴太子到邯郸做人质。临行前,他对魏王说:"要是现在有个人跑来说,热闹的街上出现了一只老虎,大王您相不相信?"

"不信!"魏王立刻答道。

"如果同时有两个人跑来说,热闹的街上有一只大老虎,您相信吗?"庞恭又问。

"我会怀疑。"魏王回答。

"那么要是三个人异口同声地说街上有只老虎时,您会相信吗?"庞恭接着问。

魏王想了想,说:"我会相信。"于是庞恭就劝诫魏王:"街市上不会有老虎,这是很明显的事。可是经过三个人一说,好像真的有了老虎。现在赵国国都邯郸离魏国国都大梁,比这里的街市远了许多，议论我的人又不止三个。希望大王明察此事。"

魏王道："一切我自己知道。"可是，庞恭前脚走人，后面就有人诽谤他。庞恭陪太子回国后，魏王果然再没有召见他。

西汉著名政治家贾谊亦步了后尘。贾谊少有奇才，二十一岁就在朝中担任博士，他向汉文帝提出"改礼制，重农桑，削藩"等政治建议，针砭时弊，具有很强的政治前瞻性，汉文帝非常重视和喜欢贾谊。但由于贾谊的主张损害了一些权贵的利益，于是，一些大臣不断向文帝进谗言，诬陷排挤贾谊。二十五岁时，贾谊就被贬到长沙，之后再无机会回到朝廷。三十三岁，他郁郁而终，可惜了一身的倾世才华。后人诗云：

三年谪宦此栖迟，万古惟留楚客悲。
秋草独寻人去后，寒林空见日斜时。
汉文有道恩犹薄，湘水无情吊岂知？
寂寂江山摇落处，怜君何事到天涯！

——刘长卿《长沙过贾谊宅》

谗言不仅可以伤人，甚至会导致一个国家的衰败和灭亡，长平之战不就是个鲜活的例子吗？针对廉颇的谗言使赵国遭受到毁灭性打击，加速了秦国统一大业的进程。

积毁可销骨。如果执政者偏听偏信，谗言就会掩盖事情的真相，让事情往相反的方向发展。

"乌台诗案"就是一群奸佞小人为打击迫害苏轼上演的一出典型的谗毁事件。

御史台，史称台狱。御史台的官署内遍植高大的柏树，枝繁叶密，上有数千只乌鸦栖居筑巢，朝去暮往，后人称之为"乌台"。

乌台是宋朝的监察弹劾机关，主要负责对朝中大臣和各州府衙门的官吏，以及皇亲国戚进行监督，对违法乱纪的文臣武将进行纠举弹劾。按现在的说法，台狱就是皇帝的"高干"牢房，不仅规格高，特权也高，御史可以"风闻奏事"，仅凭传闻发现官吏中有违法犯罪行为的，即可上奏皇帝进行逮捕查办，而不必事先核查事情的准确性。御史台内自设监狱，可以直接拘禁、审讯犯罪的大臣。

苏轼一向光明磊落，仁慈宽厚的他，待人接物从不以对方的地位、行当来论高低贵贱，他曾对弟弟苏辙说："吾上可陪玉皇大帝，下可陪卑田院乞儿。眼前见天下无一个不好人。"照他的看法，和尚、道士、妓女、高官、小吏、平民百姓，在他眼里根本没区别。可是，聪明盖世的苏子，在人情世故方面始终认识不够，不明白"阎王好见，小鬼难缠"，这世上不仅男女有别，还有好人、坏人之分，有一种人绝对需要远离，这种人叫"小人"，苏轼的周围有的是这类人。

苏轼对王安石的激进变法一向持反对态度，遭到变法派的打

【一三五】

击,为远离政治旋涡,多次请求外放,在杭州、密州、徐州任职期间,走村串户,体察民情,发现新法实施中的许多弊端。因他个性一向是疾恶如仇,遇有邪恶则"如蝇在台,吐之乃已",便常常不假思索地"以诗托讽",期盼能"有补于国"。无疑,他成了变法派的眼中钉。

1074年,王安石遭反对派围攻,不得不罢相。由于党内之争,第二年,王安石再度为相,但很快又再度罢相。王安石下台后,朝中风云变幻,一些投机者趁机混入变法派,统治阶级内部新政与保守势力之间严肃的政治斗争,逐渐演绎成为争权夺利的倾轧,使变法沦为排斥打击异己的无聊闹剧。

元丰二年(1079年)三月,苏东坡由徐州调任湖州。他作《湖州谢上表》,略叙自己过去无政绩可言,谢皇恩浩荡,因文人性情,文后捎带几句牢骚话:"陛下知其愚不适时,难以追陪新进;察其老不生事,或能牧养小民。"

不承想,本无心之言,却被新党捕风捉影、恶意围攻,御史中丞李定和监察御史何正臣从中摘出"追陪新进""老不生事"等句,诬蔑苏轼是在讽刺变法派"新进",喜欢"生事",明目张胆地侮慢和影射朝廷。

当然,这样的"罪证"还不足以扳倒树大根深的苏轼,他们又从苏轼的好友、驸马都尉王诜为苏轼出版的诗集《元丰续添苏子瞻学士钱塘集》中寻章摘句、插圈弄套,编造罪名。

如"吴儿生长狎涛渊,冒利轻生不自怜。东海若知明主意,应教斥卤变桑田"(《八月十五日看潮》)这几句诗,本是描述当地百姓为求得赏赐下水弄潮,时有溺亡的时风,无奈御史们一口咬定这是在攻击农田水利法。

又如"平生所惭今不耻,坐对疲氓更鞭箠",原本是写诗人看到百姓挨打的自惭心情,也被李定牵强附会为"心怀诡异,敌视新法"。

欲加之罪,何患无辞?何正臣先后四次上书,弹劾苏轼包藏祸心,愚弄朝廷,"无君臣之义,亏大忠之节",流毒广远,且有"大不敬"之心。

监察御史舒亶更是煞费心机,手段毒辣,把苏轼的诗词强塞在自设的筛子上一句句过滤,什么"赢得儿童语音好,一年强半在城中"是讥讽"青苗法";"读书万卷不读律,致君尧舜知无术"是影射皇帝整顿吏治乏术不力;"东海若知明主意,应教斥卤变桑田"是攻击皇上兴修水利;"岂是闻韶解忘味,迩来三月食无盐"是诽谤皇帝的禁盐令。

舒亶把自己断章取义的曲解一条条罗列成罪状,弹劾苏轼"愚弄朝廷,妄自尊大,谤讪讥骂,无所不为",恳请神宗皇帝"为民除害",对苏轼"大明诛赏,以示天下",还火上浇油,言苏轼的"上谢表"如今已经是"流俗翕然,争相传诵,忠义之士,无不愤惋"!"愤"是愤苏东坡,"惋"是惋皇上。"无不"一词,把问题推至极端。

【一三七】

御史群起而攻之下，苏轼反映客观现实的力作立马变得狰狞满目，处处与新法作对，与神宗皇帝抗衡，莫不罪大恶极。宋神宗原本很赏识苏轼才华，苏轼曾屡次上书，历数新法弊端，现在又听说他的许多诗文"讪上骂下""无尊君之义和亏大忠之节"等，大怒，觉得苏轼恃才而骄，胆大妄为，便命御史台立案审查。

钦差大臣皇甫遵奉命抵达湖州州衙缉拿苏轼，妻子王闰之骇然失色，苏轼倒不以为意，甚至给她讲了诗人杨朴的逸事。宋真宗时，访天下隐者，杞人杨朴被带到朝堂，真宗看他不言不语，就问他还能否作诗。杨朴直言说不能，真宗问：你临行前可否有人作诗为你送行？杨朴回答，老妻作有四句："更休落魄贪杯酒，亦莫猖狂爱吟诗。今日捉将官里去，这回断送老头皮。"苏轼风趣地宽慰妻子："难道你不能作首诗为我送行吗？"让王闰之哭笑不得。苏轼被带走后，王闰之看着满地散乱的诗稿，哭诉着说："先生一生好作诗，诗有何用？"一把火把残存的诗文烧个精光。

苏轼被关进台狱，李定及其狱吏对其进行审讯，栽赃构陷、落井下石，欲置苏轼于死地而后快。

李定一伙儿居心叵测陷害苏轼的事震动京师，朝野上下愤愤不平，纷纷为苏轼仗义执言、鸣冤叫屈。远在湖州、杭州的老百姓焚香念佛，祈祷苏轼平安。宰相吴充，以及已经退休的宰相张方平，王安石的弟弟王安礼等先后上书宋神宗，请求赦免苏轼。苏辙更是心急如焚，四处奔走，奏请朝廷，言自己愿效法汉朝缇萦以身赎父的故事,以一切在身官爵来替兄长赎罪,请求赦免兄长。

当然,狱中的苏轼对此毫不知情。他纵观形势不容乐观,就将平时服用的青白丹药丸集中收藏起来,打算留到最后一刻一并吞下自尽,让自己有尊严地离去。

这一时期,苏轼的长子苏迈一直在京城照料父亲,苏轼同儿子约定,平时只送肉和青菜两样;若听闻什么不利的风声,就将肉菜改为鱼。有一天,苏迈出去办事,把送饭的任务托付给一位亲戚。那位亲戚想给苏轼改善一下伙食,特意红烧一条鱼送到狱中。苏轼见鱼大惊失色,以为是不祥之兆,便号啕大哭,挥泪写下了予苏辙的诀别诗:

> 圣主如天万物春,小臣愚暗自亡身。
> 百年未满先偿债,十口无归更累人。
> 是处青山可埋骨,他年夜雨独伤神。
> 与君世世为兄弟,更结来生未了因。
>
> ——《狱中寄子由二首·其一》

这首诗措辞悲戚,苏轼在诗中给弟弟留言,他已此生无望,命在旦夕,一家老少十多口人,从此就要拖累弟弟来照看了。自己一死不足惜,尸骨可以埋葬在任何有青山的地方,只是当年与弟弟相约夜雨对床的盟誓,却再也无法实现。此后夜雨潇潇的年夜,弟弟只能独自叹息独自伤怀了。但愿与子由世世代代做兄弟,把未了的因缘付诸来世!

神宗皇帝看到这首诗,为二苏埙篪之情潸然落泪。加之祖母曹太后"不须赦天下凶恶,但放了苏轼足矣"的懿旨,甚至连苏轼的政治"宿敌",隐居南京的王安石亦飞马传书:"安有圣世而杀才士乎?"宋神宗决定从轻处罚苏轼。

关于"乌台诗案",现代著名学者余秋雨先生有这样的评价:

> 即便站在朝廷的立场上,这也完全是一个莫须有的可笑事件。一群大大小小的文化官僚硬说苏东坡在很多诗中流露了对政府的不满和不敬,方法是对他诗中的词句和意象作上纲上线的推断和诠释,搞了半天连神宗皇帝也不太相信,在将信将疑之间几乎不得已地判了苏东坡的罪。
>
> ——《苏东坡突围》

"乌台诗案"是北宋一百六十多年中影响最大的一次文字狱,但它与清代的文字狱大有不同,清代的文字狱是自上而下的,是为禁锢思想,强化政治统治,震慑文人而发起的迫害。相比较来说,文人治政,对北宋皇权能形成一定监督。不杀士大夫的祖训,使有宋一代帝王对文人敞开宽容的胸怀,才造就苏轼棱角分明、不忮不求的个性。

苏轼被捕入狱 103 天后被贬黄州，受其牵连，当朝二十九位大臣名士遭到惩处：驸马王诜被削除一切官爵；王巩被发配西北；苏辙上本求情而被降职；张方平被罚红铜三十斤；司马光、范镇及苏轼的十八个其他朋友，被各罚红铜二十斤。

元丰二年（1079 年）十二月二十九日，苏轼获释。劫后余生，一出狱门，刚恢复自由身，得以呼吸几口新鲜空气的他，就忘乎所以，脱口吟诗：

却对酒杯浑是梦，试拈诗笔已如神。

此灾何必深追咎，窃禄从来岂有因。

——《出狱次前韵二首·其一》

苏轼说："端起酒杯，刚刚过去的事情恍然像一场梦；提笔作诗，依然感觉如有神助。大难过后何必沉溺在往事里不能自拔呢，劫后余生难道都是有原因的吗？"

虽不似"仰天大笑出门去，我辈岂是蓬蒿人"的狂妄，但也绝对是好了伤疤忘了疼。

天性使然。对他而言，似乎除了诗酒，余下都是身外之物，不必过于纠缠。

真是这样的吗？不可救药的乐观背后，一杯苍凉黄昏后。

卷三　我欲乘风归去

第一章 【躬耕】

　　人生如路,坚韧地走下去,在最荒凉的旅途中走出最繁华的风景。

——题记

　　嘉祐五年(1060年),某一个风轻云淡的下午,丁忧期满的苏氏兄弟俩,在开封购置的苏家新宅院里,就着一抹斜阳闲聊新居,子由不假思索地说:"我很喜欢这座宅子,不过不知能不能一直留在这里,我向往一个安定的居所,读书做学问,不用到处奔波。"年轻的苏轼却不以为然:"大丈夫志在四方,怎能安居一隅?我的理想就是走遍神州山山水水,不枉这一遭人世的行程。"

　　一语成谶,苏轼的后半生,倒实实在在践行了这句话。只不过,不是五湖四海畅游无阻，而是一贬再贬的身不由己。

元丰二年（1079年）十二月，苏轼被冠以"诽谤朝政、妖言惑众"的罪名，贬任黄州团练副使。湖北黄州，成为他人生坐标轴上的一个重要节点，开启了他漫无涯际的贬谪之路，苏东坡的大名也由此唱响大江南北。

因为是贬谪，获罪之身，就没有之前正常调任的宽松和自由，苏轼和长子苏迈奉命在元丰三年（1080年）正月初一这天出京，千里迢迢奔赴黄州，家眷暂且拜托弟弟苏辙代为照顾。

初抵黄州的苏轼被徐太守安置在定惠院，山寺清静，梵乐缥缈，古钟悠扬。苏轼除却出门探胜寻幽的少许时日外，大都"杜门不出，闲居未免看书，惟佛经以遣日"，度过了一段较为闲适的时光。四个月之后家眷来黄州团聚，他们搬到临皋亭居住。临皋亭本是一处驿亭，是北宋政府安置走水路的官员路经此地小住暂栖的一个场馆。

在这荒僻之地，临时之所，可想而知，其条件设施之简单、简陋，也仅能住而已。但天性达观的苏轼，却非常知足。他在给一个朋友的信中这样描绘："寓居去江无十步，风涛烟雨，晓夕百变。江南诸山在几席，此幸未始有也。"写得这么美，令人羡慕，这座面朝江涛、烟水微茫的天然景观房，让东坡情有独钟。

作为一位天下闻名的读书人，倘没有一间可以专门用来读书弄文的书房，怎好意思称为读书人？苏轼没有考虑这些，他的朋友们替他考虑了，很着急地考虑，很着急地操持。有钱的出钱，有力的出力，在临皋亭一边加盖了一间书斋给他，享受如此殊荣的苏轼得意得忘乎所以，午间小睡至酣，乍然梦醒，竟忘其身置何处，卷起竹帘，于坐榻之上，遥望江上烟波无际，水天一色，好不空旷浩大。恍然，自己亦是荡舟之人，与风帆竞逐，撵一池碎碎的涟漪，气象万千。

因为有一双灵秀目，所以摄入眼帘，被诗人挥毫记述的，皆是最动人的一瞥：

东坡居士酒醉饭饱，倚于几上，白云左缭，清江右洄，重门洞开，林峦坌入。当是时，若有思而无所思，以受万物之备，惭愧！惭愧！

在与友人的书信往来中，他常以诙谐的笔调来点染自己的居所：

临皋亭下八十数步，便是大江，其半是峨眉雪水，吾饮食沐浴皆取焉，何必归乡哉！江水风月，本无常主，闲者便是主人。闻范子丰新第园池，与此孰胜？所不如者，上无两税及助役钱耳。

——《临皋闲题》

天生豪迈苏学士，错把他乡作故乡。不以苦为苦，以江水风月无价,无税无役窃喜,唯子瞻矣。

团练副使本是个虚职,专门用来安置被贬的官员的,不可以参与政事,不得擅自离开境内,俸禄极其低微,苏轼一度困顿得捉襟见肘,有着"俸入所得,随手辄尽"的窘迫。太守徐君猷早就仰慕苏轼文才,时常盛情款待,鄂州朱太守原本苏轼旧交,免不了惺惺相惜,解囊相助。

不过,一大家子柴米油盐酱醋茶,仅靠友情资助毕竟不是长远之事,鉴于刻不容缓的经济危机形势,开源节流就被提到重要的议程上去了。

开源节流,首先需要考虑的是怎样积极发展生产,培植财源。好在二十年来一直追随他南北来去的好友马梦得(字正卿)给他筹集到几十亩蒿草丛生、荆棘遍地的荒地,让他春耕秋收,为他解了燃眉之急。在雪上加霜的日子里,有好朋友雪中送炭,确实是世间最美好的事情。苏轼在《东坡八首》的小序中记曰:

> 余至黄州二年,日以困匮,故人马正卿哀余乏食,为郡中请故营地数十亩,使得躬耕其中。地既久荒,为茨棘瓦砾之场,而岁又大旱,垦辟之劳,筋力殆尽。释耒而叹,乃作是诗,自愍其勤。庶几来岁之入以忘其劳焉。

苏轼向来有以苦为乐的劲头,虽然自己是一介书生,但绝不是肩不能担担、手不能提篮，贪图享乐、游手好闲的腐朽之辈，母亲程氏自小对他言传身教的劳动意识在此也得到了发挥和弘扬，他脱去长袍，摘去方巾，一身农夫的打扮，带领两个儿子躬耕陇亩，挥汗如雨，自力更生。

这块荒地的位置在黄州城东旧营地东面的半坡上，苏轼就给这块荒地命名"东坡"，自己亦以"东坡居士"自称。其实，这"东坡"另有出处，为苏轼随手拈来。白居易不是有一首《东坡种花诗》吗，是他被贬为忠州刺史时所作，诗云："朝上东坡步，夕上东坡步。东坡何所爱，爱此新成树。"苏轼是白居易的超级粉丝，忠州、黄州两地为两位诗人贬谪之地，住所又碰巧都在两州城东位置，心意相通，境遇相同，拿来一用，再合适不过。苏轼这一借，使得"东坡"一名，得以千古流芳。

世人爱其苏东坡美名，传诵并世代敬仰，苏轼这个大名，大都被记忆在浩瀚书册里了。

开源节流的另一个方面是节制支出，计划开支。苏东坡在这方面也绝对是行家里手。在给弟子秦少游的信中，苏东坡得意地炫耀自己的家政理财水平："初到黄，廪入既绝，人口不少，私甚忧之。但痛自节省，日用不得过百五十。每月朔，便取四千五百钱，断为三十块，挂屋梁上。平旦，用画叉挑取一块，即藏去叉，仍以大竹筒别贮，用不尽者，以待宾客。此贾耘者法也。度囊中尚可支一岁有余，至时别作经画，水到渠成，不须顾虑。以此胸中

【一四七】

都无一事。"

东坡把每月的生活费四千五百个铜钱，按天计算分成三十包，一包包挂在家中房梁上，每天按月初计划叉下一包作为全天的生活开支，消费的时候另外再仔细权衡，能不买的东西坚决不买，每天最好能省下几个铜钱，绝不超支。积攒下来的钱，苏轼把它们存在一个竹筒里，有朋友造访，或请人吃饭，以备意外之需。在东坡家长的计划经济下，苏家的小日子细水长流，积蓄五六万钱之多。

衣食住行，人之必需。衣食暂无忧了，东坡家长又该考虑盖房子的事情了。东坡在建筑方面也非常有兴趣且颇有天分。之前，在密州建造的超然台，在徐州修筑的黄楼，都成为当地的地标性建筑。这次，他在山坡上设计并建造了三间房舍，房子的西畔有山泉叮咚，向南不远是临皋亭，因竣工于一场春雪之中，他以诗人的浪漫和想象，在四面墙壁上绘制了一幅幅雪景图，并美其名曰"东坡雪堂"。

"斯是陋室，惟吾德馨。"——这荒野之上的暂居之所，遂成为诗人的画堂诗苑，不无风情。

在和友人孔平仲的一首诗《次韵孔毅甫久旱已而甚雨三首》里，他说：

去年东坡拾瓦砾，自种黄桑三百尺。
今年刈草盖雪堂，日炙风吹面如墨。

他以农夫自居,以农夫的过活为乐,与农夫不同的是,他每每把自己的生活态度插播在诗词文章里,心平,气和,怡然自得。

"某现在东坡种稻,劳苦之中亦自有其乐。有屋五间,果菜十数畦,桑百余本。身耕妻蚕,聊以卒岁也。"在这样的诗文里,一个乐观开朗、幽默向上的东坡,谈笑风生、衣袂飘飘地向我们走来。

不能不令人想起"不戚戚于贫贱,不汲汲于富贵",固守寒庐,寄意田园的陶渊明。

也让人想起执守"饭疏食饮水,曲肱而枕之,乐亦在其中矣。不义而富且贵,于我如浮云"的孔夫子;抑或先秦时代,《陈风·衡门》里君子的耿耿心声:

衡门之下,可以栖迟。泌之洋洋,可以乐饥。
岂其食鱼,必河之鲂?岂其取妻,必齐之姜?
岂其食鱼,必河之鲤?岂其取妻,必宋之子?

历史上的贤达告诉我们,心放平,生活就是一泓娴静的水。心放松,人生就是一朵自在的云。一个人,在无止境的欲望面前知足安然,从从容容,平平淡淡,不求富贵,不求闻达,生活何尝不可以无限精彩。躬耕以养身,读书以明志;琴酒自娱,风月相伴。与浊世保持适度距离,静心一志,以养浩然之气,何尝不是乐事?

是啊,就像《陈风·衡门》里吟唱的那样:

> 在那简陋的衡门下面，可以栖身可以住。
> 泌水清清欢畅地流淌，清水也可充饥肠。
> 难道说想要吃鱼，只有黄河鲂鱼才算香？
> 难道说想要娶妻，一定得娶齐国姜姑娘？
> 难道说想要吃鱼，只有黄河鲤鱼才可尝？
> 难道说想要娶妻，一定得娶宋国子姑娘？

东坡娶妻不攀豪门高枝，吃鱼不挑是否鲤、鲂，吃肉也从来不嫌肉贵贱。

黄州这个地方猪肉极贱，因为富贵人家嫌弃不喜吃，贫困人家不知道怎么个吃法，东坡天生一个美食专家兼烹调大师，善于创新研究，在吃上下功夫，他烹煮出的"东坡肉"，少水，多酒，慢火，炖至肉质酥烂而形不碎，汁浓香糯而不腻口。

宋代人周紫芝《竹坡诗话》中有记录："东坡性喜嗜猪，在黄冈时，尝戏作《食猪肉诗》云：'慢着火，少着水，火候足时它自美。每日起来打一碗，饱得自家君莫管。'"

这极贱的黄州猪肉，遇到东坡大诗人，着实三生有幸了。

苏轼随遇而安，但绝不苟且蹉跎，浪费才华，浪费生命。他安居乐业，把乐天知命、听任自然演绎至登峰造极。

黄州虽然只是长江边上一个荒僻的小城，但繁华有繁华的烦累，荒僻自有荒僻的孤静。经历了政坛风浪的东坡，心田积蓄了更为深刻、饱满、独特的失落与孤独,忧伤和绝望,正是这种含泪的情感给他以极大的创作激情,以诗以文,胸臆直出,以此来解脱心理的压抑。另外,此地取之不尽、用之不竭的江上清风、山间明月,让无官一身轻的苏轼"返影入深林",饮酒乐甚,扣舷而歌,有了更多亲近自然的机会,他流连忘返,"杜门深居,驰骋翰墨",劳其筋骨,丰其诗腴,诵明月之诗,歌窈窕之章,创作了诸多脍炙人口的佳作。如《卜算子》《念奴娇》《满江红》等。他自己在《与陈季常书》中说:"日近新阕甚多,篇篇皆奇。"

譬如世人喜欢的《定风波》:

莫听穿林打叶声,何妨吟啸且徐行。竹杖芒鞋轻胜马,谁怕?一蓑烟雨任平生。

料峭春风吹酒醒,微冷,山头斜照却相迎。回首向来萧瑟处,归去,也无风雨也无晴。

一日,东坡和几个朋友相邀去黄州城外三十里处的沙湖游玩。江南早春的天气,本自阴晴无常,出门时东坡嘱咐小家童携带雨具,但上路后风和日丽,一片澄明,家童贪玩,就先行一步,东坡与友人一路谈笑,被落在后面。不料,突然阴云密布,狂风骤雨,打得一边的竹林哗哗响。同行几人奔跑着找地方躲雨,狼狈不堪。唯有东坡先生独树一帜,他手持竹杖,脚蹬芒鞋,坦然从容,不畏风雨，一面大声吟啸，一面阔步向前。

待到下午，一行人酒足饭饱踏上归程之时，雨散云收，斜阳复照山头，回望来时风雨萧瑟处，早已晴空如许了。

诗中，这个"竹杖芒鞋"，在"一蓑烟雨"中吟啸自若的老头儿，比之"悠然见南山"的陶渊明感性，比之"独钓寒江雪"的孤翁柳宗元亲切，更接地气，可爱至极。

你不能不惊叹"谁怕"这瞥表情中的任性，还有那么一丝顽劣；

你不能不欣赏"微冷"这个字眼里的随性，自然；

你不能不佩服"归去"这样行动下的旷达，疏放。

《定风波》一词，可以看作苏东坡的人生宣言。

东坡不以风雨为忧，亦不以风雨为喜，坦然接受现实和现世。在他心目中，仕途以及自然界的风雨及其晚晴，什么都会发生，也终将成为过去。不必苛求，不必在意，好像什么都没有发生。这首诗恰到好处地表明了东坡对坎坷人生的态度。通达一时，豁达一生，东坡矣。

文章憎命达。黄州谪居，正应了那句：仕路不幸诗家兴。

在这处荒僻的旅途中，东坡走出了最繁华的风景。

第二章 【赤壁】

> 当峨冠博带早已零落成泥之后,一杆竹管笔偶尔涂画的诗文,竟能镌刻山河,雕镂人心,永不漫漶。
>
> ——余秋雨

研究东坡的学者普遍认为:不仅"东坡居士"这个别号产生于黄州,连东坡这个人物也诞生于黄州。这句话绝不是凭空而论。

谪居黄州的东坡,不签署公文,不涉足政事,无官一身轻,没有繁忙的公务劳心伤神,不须刻意地迎来送往,使得他有充足的时间和精力来支配他的自由之躯,活力之体。他躬耕农事,与田父野老亲密无间地交往。他投身自然的怀抱,寻访黄州的名山大川,隐士高人。他吃遍当地的特色风味,亲自操刀,独创佳肴,度过一段恣情逍遥的岁月。

但是，他的心是苦的，翻江倒海地苦。

一位天纵奇才、享誉当朝的名士，一位有所作为的封建士大夫，不明不白地因为几首随性而赋的小诗，蒙受牢狱之灾，还差点丢了性命，这不是一时半会儿能想得开的。贬谪黄州的苏轼身心饱受摧残，思想陷入深刻的矛盾之中。这矛盾让其心田蓄积了更为深刻、饱满的失落与孤独，忧伤和绝望，痛苦与挣扎，而凝结成含泪的情感，给他以极大的创作激情，形成诗文，胸臆直出，以此来解脱心理的强烈压抑。

这时候，佛老思想成为东坡应对政治打击和精神折磨的主要处世哲学，他的创作思路由描绘外部世界而转向内心的探索，开始关注个人生命中的重要事件，从而探寻生命中理想与现实、情感与意志的相抑相生，省察它们并纾解。丰富的内心世界一经与旷达个性相融相释，奇迹般地将他的创作水准推向巅峰，凤凰涅槃，一支健笔更加挥洒自如。

苏辙说："苏轼谪居于黄，杜门深居，驰骋翰墨，其文一变，如川之方至，而辙瞠然不能及也。"

列斯科夫言：世界上有两种人，一种是活给别人看，一种是活给自己看。

彼时的东坡，活出了最真实的自己。他性情学老庄，诗情追李白，全身心体尝生命的原汁原味，在红尘寂灭处觉悟天地大道。

他文风诗风大变,境界空前,以天纵英才之姿,豪迈雄浑之笔,铸就雄踞宋代文学巅峰之作——"二赋一词"的"喷薄而出","会当凌绝顶,一览众山小"。

壬戌年秋,农历七月十六日这一天,苏轼与同乡道人杨世昌在赤壁下一同泛舟夜游。清风阵阵拂过,水面波澜不起,一轮皎洁的明月跳跃在清涟之上,波光粼粼,满池银碎。放眼望去,白茫茫的雾气横贯江面,清泠泠的水光向遥远的天际延伸。

诗人的小船在这雾气浩渺的江上无牵无绊,飘飘摇摇,宛若畅游在瑶池仙境。

"人生得意须尽欢,莫使金樽空对月。"此情此境,若不开怀畅饮,则有憾诗仙一腔豪情美意。若有酒无歌,则辜负了眼前良辰美景。于是,诗人和朋友倾其杯盏,望月怀远。兴之所至,东坡禁不住用手叩击着船舷,引吭高歌:

　　桂木船棹呵香兰船桨,迎击空明的粼波,逆着流水的泛光。我的心怀悠远,想望伊人在天涯那方。

朋友吹起洞箫,为东坡的歌声唱和。箫声呜咽,像是哀怨,又像是思慕,像是泣涕,又像是倾诉,尾声凄切、婉转、悠长,如同绵延柔韧的细丝。深谷中的蛟龙为之起舞,孤舟上的女子听了落泪,连水里的鱼儿也为之动容。

【一五五】

东坡闻之亦心怀戚色。他向朋友问道:"为什么吹得如此悲凉呢?"

朋友答曰:"曹孟德诗云'月明星稀,乌鹊南飞',此地向西,可以望到夏口;向东,可以望到武昌。山河接壤,连绵不绝,目之所触,一片苍翠。这里不正是曹孟德当年被周瑜围困的地方吗?那时他攻陷荆州,自江陵顺流而下,麾下的战船连绵千里,猎猎旌旗将天空全都遮蔽。他在江边把酒临风,横执矛槊吟诗作赋,一代枭雄,壮怀激烈,粪土万户侯。而如今,他所有的威仪又落脚何处?今昔,我与你在江边水渚上砍柴捕鱼,与鱼虾做伴,与麋鹿为友,在一叶小舟之上,举杯痛饮,何不畅意潇洒。可我们也只是广阔天地中的小小蜉蝣,比沧海中的一粒粟米还渺小。比起苍穹,人生何其卑微短暂,哪能像江水岁岁年年无尽头。我多么希望能邀神仙眷侣携手遨游尘寰,与明月清风相拥共赴永年。我知道,所有这些,只能想想而已,难能实现,且将遗憾化为一管箫音,说与悲凉的秋风听听罢了。"

朋友一席话说得恳切,但过于悲观。东坡爽然一笑,宽慰朋友说:"你且看这江水与明月,水流淙淙,一波三折,其实并没有真正逝去;我们头顶这轮银月,虽然圆圆缺缺多少年,悬于天际的终究还是这一轮。所以,纵然天地间无时无刻不在变化,但所有的物事和生命一样,亦传承百代,无穷无尽。这样来看,又有什么可自弃、可羡慕的呢?天地之间,凡物各有归属,若不是自己应该拥有的，即使一分一毫也不能求取。江上清风，山间明月，送到耳边便听到声音，进入眼帘便绘出形色，取得这些不会有人禁止，享用这些也不会有竭尽的时候。这是造物者恩赐的无穷无尽的大宝藏，你我可以尽情享用，分文不费，岂不大赚？"

听闻东坡一席话，朋友豁然开朗，两个人随即清洗杯盏，重新斟满酒杯，且乐且歌。菜肴和果品都被吃完，只剩下桌上的杯碟一片凌乱。苏子与朋友在船里互相倚靠着昏昏睡去，不知不觉，天边已经露出鱼肚白。

壬戌之秋，七月既望，苏子与客泛舟游于赤壁之下。清风徐来，水波不兴。举酒属客，诵明月之诗，歌窈窕之章。少焉，月出于东山之上，徘徊于斗牛之间。白露横江，水光接天。纵一苇之所如，凌万顷之茫然。浩浩乎如冯虚御风，而不知其所止；飘飘乎如遗世独立，羽化而登仙。

于是饮酒乐甚，扣舷而歌之。歌曰："桂棹兮兰桨，击空明兮溯流光。渺渺兮予怀，望美人兮天一方。"客有吹洞箫者，倚歌而和之。其声呜呜然，如怨如慕，如泣如诉；余音袅袅，不绝如缕。舞幽壑之潜蛟，泣孤舟之嫠妇。

苏子愀然，正襟危坐而问客曰："何为其然也？"客曰："'月明星稀，乌鹊南飞'，此非曹孟德之诗乎？西望夏口,东望武昌,山川相缪,郁乎苍苍,此非孟德之困于周郎者乎?方其破荆州,下江陵,顺流而东也,舳舻千里,旌旗蔽空,酾酒临江,横槊赋诗,固一世之雄也,而今安在哉?况吾与子渔樵于江渚之上,侣鱼虾而友麋鹿,驾一叶之扁舟,举匏樽以相属。寄蜉蝣于天地,渺沧海之一粟,哀吾生之须臾,羡长江之无穷。挟飞仙以遨游,抱明月而长终。知不可乎骤得,托遗响于悲风。"

苏子曰:"客亦知夫水与月乎?逝者如斯,而未尝往也;盈虚者如彼,而卒莫消长也。盖将自其变者而观之,则天地曾不能以一瞬;自其不变者而观之,则物与我皆无尽也,而又何羡乎?且夫天地之间,物各有主,苟非吾之所有,虽一毫而莫取,惟江上之清风,与山间之明月,耳得之而为声,目遇之而成色;取之无禁,用之不竭。是造物者之无尽藏也,而吾与子之所共适。"

客喜而笑,洗盏更酌。肴核既尽,杯盘狼藉。相与枕藉乎舟中,不知东方之既白。

——《前赤壁赋》

这就是东坡名作《前赤壁赋》展现给后人的绝美风华。

千古风流人物也不过如此,一己之荣辱穷达复何足悲叹!故事里有故事,故事里有玄机,东坡亦"朋友","朋友"亦东坡。劝解朋友的说辞,何尝不是在纾解自己?

　　三个月后,农历十月十五日,同样的圆月之夜,两位朋友带着亲手捕捉的巨口细鳞的松江鲈鱼来看望东坡,东坡妻子王闰之深悉丈夫秉性,慷慨拿出家里窖藏已久的几坛美酒,三位携着酒和鱼,再次到赤壁之下泛舟夜游。于是,又一篇巨作《后赤壁赋》澎湃出炉:

　　　　是岁十月之望,步自雪堂,将归于临皋。二客从予,过黄泥之坂。霜露既降,木叶尽脱,人影在地,仰见明月,顾而乐之,行歌相答。

　　　　已而叹曰:"有客无酒,有酒无肴,月白风清,如此良夜何!"客曰:"今者薄暮,举网得鱼,巨口细鳞,状如松江之鲈。顾安所得酒乎?"归而谋诸妇。妇曰:"我有斗酒,藏之久矣,以待子不时之需。"

　　　　于是携酒与鱼,复游于赤壁之下。江流有声,断岸千尺;山高月小,水落石出。曾日月之几何,而江山不可复识矣。予乃摄衣而上,履巉岩,披蒙茸,踞虎豹,登虬龙,攀栖鹘之危巢,俯冯夷之幽宫。盖二客不能从焉。划然长啸,草木震动,山鸣谷应,风起水涌。予亦悄然而悲,肃然而恐,凛乎其不可留也。反而登舟,放乎中流,听其所止而休焉。时夜将半,四顾寂寥。适有孤鹤,横江东来。翅如车轮,玄裳缟衣,戛然长鸣,掠予舟而西也。

须臾客去,予亦就睡。梦一道士,羽衣蹁跹,过临皋之下,揖予而言曰:"赤壁之游乐乎?"问其姓名,俯而不答。"呜呼!噫嘻!我知之矣。畴昔之夜,飞鸣而过我者,非子也邪?"道士顾笑,予亦惊寤。开户视之,不见其处。

《前赤壁赋》着重体现诗人由矛盾、悲伤转而获得超越、升华,自我纾解的复杂过程。《后赤壁赋》亦有如此思想情感履痕,叙事写景,别有一番诗情画意。

其实,这里的赤壁实为黄州的赤鼻矶,并不是三国时期赤壁之战中的赤壁遗址,当地人因谐音而称之为赤壁,苏轼也就将错就错,借此抒发自己的怀抱。

东坡登山临水,凭吊古迹,以寻求心灵解脱。但是,他并不能完全忘情政治,居庙堂之高时忧其民,处江湖之远则亦忧其君。他时常因外界事物的刺激和诱发,无法保持内心的暂时平静,于是将他的热情,他的理想,他的忧愤不平,通过诗文这一喷火口,火山爆发式地喷薄出来,就有了一曲《念奴娇·赤壁怀古》的古今绝唱:

大江东去,浪淘尽,千古风流人物。故垒西边,人道是,三国周郎赤壁。乱石穿空,惊涛拍岸,卷起千堆雪。

江山如画,一时多少豪杰。

　　遥想公瑾当年,小乔初嫁了,雄姿英发。羽扇纶巾,谈笑间,樯橹灰飞烟灭。故国神游,多情应笑我,早生华发。人生如梦,一樽还酹江月。

　　横槊赋诗的曹操,驰马射虎的孙权,隆中定策的诸葛亮,足智多谋的周公瑾……三国时代人才辈出,一时多少豪杰!

　　想当年,初出眉州的自己也曾雄姿英发,豪情满怀,宛若少年周郎;到如今功业未就,老大未成,华发早生,豪放的诗词时空下,沧桑之感扑面而来。隐忍的东西总是更具有杀伤力,你不得不服。

　　佛老的思想以清静无为,超然物外为旨归,东坡对佛老思想有所选择、有所保留地吸收,取其超然物外以保持达观的人生态度,并没有放弃经世济民的儒家思想,渴望以一己之才报效国家。《念奴娇·赤壁怀古》一诗足见端倪,另一首《满庭芳》亦如是:

　　归去来兮,清溪无底,上有千仞嵯峨。画楼东畔,天远夕阳多。老去君恩未报,空回首、弹铗悲歌。船头转,长风万里,归马驻平坡。

　　无何。何处有,银潢尽处,天女停梭。问何事人间,久戏风波。顾谓同来稚子,应烂汝、腰下长柯。青衫破,群仙笑我,千缕挂烟蓑。

诗中有豪气、灵气、平和之气、浩然正气；有着诗者共有的慈悲心怀和孤芳自赏，亦有着不同寻常的苍老天真。"老去君恩未报，空回首、弹铗悲歌。"颠沛流离之际，他依旧执着现实，关心时事，还在为功业未建慷慨悲歌，读之无限悲凉。

"当峨冠博带早已零落成泥之后，一杆竹管笔偶尔涂画的诗文，竟能镌刻山河，雕镂人心，永不漫漶。"

东坡，当之无愧。他身在万物中，心在万物上。任尔幕起幕落，世事芜杂，他只管月朗风清，笔指苍穹。

关于中国文学，美学家宗白华总结说"兵分两路"：

一路是金派，咄咄逼人，急功近利，转瞬即逝；

一路是玉派，含蓄蕴藉，谦冲雅静，尽得风流。

不用说，宗大师是倾向玉派的。

玉者，有光却抑光，不露锋芒，不事张扬，触目可见温润，却并不刺目耀眼。像极谦谦君子，既有才华，又有包藏。

玉者，静好深邃，朴实可琢。可进可退，可朝可野，可收可放，近于中和之美。中，即中庸，不偏不倚。和，即和洽，凡事不勉强。一个人不管做事还是做人，像大自然一样自然而然，生命的状态于此呈现出一种成熟的圆润。

宗白华说，庄子、苏轼的诗文，俱是玉质文章。

虽然这样的评论免不了带有个人主观判断，但并不偏颇。

苏轼的作品以乌台诗案为分水岭，密州、徐州时期的作品，源于苏轼"具体的政治忧患",儒家所提倡的社会责任感,使得他深切关注百姓疾苦,遇有邪恶,则"如蝇在台,吐之乃已",是苏轼积极仕进的心态的真实写照。

乌台诗案之后,他"讽刺的苛酷,笔锋的尖锐,以及紧张与愤怒,全已消失,取而代之的,则是一种光辉,温暖、亲谐,醇甜而成熟,透彻而深入"。可以入诗入文的题材渐广,咏物言情、记游写景、怀古感旧、酬赠留别、田园风光、谈禅说理,几乎无所不包,大笔如椽,绚烂多姿。庄子化蝶,物我皆忘,空灵隽永,质朴清淡,譬如这篇《记承天寺夜游》:

> 元丰六年十月十二日夜,解衣欲睡,月色入户,欣然起行。念无与为乐者,遂至承天寺寻张怀民。怀民亦未寝,相与步于中庭。庭下如积水空明,水中藻、荇交横,盖竹柏影也。何夜无月?何处无竹柏?但少闲人如吾两人者耳。

此篇小品极短,即兴所记,不过月色,不过夜游,有竹有柏有影。但细细碎碎的生活末节,被他一不小心点化成诗,就那么出神入化,一不小心就感染到路过的你。如嗅深柳白梨花,香远益清。

毕竟,生活不只有眼前的苟且,还有月色和竹影,诗和远方的田野。

第三章 【老妻】

> 与之同室，亦与之同穴。地老天荒不过如此！
>
> ——题记

　　苏轼的一生，大起大落，宦海浮沉。值得庆幸的是，他还有一阕可以任他纵横捭阖的诗文，拥有三个爱他又被他深爱的女人。她们使他在不同的人生阶段，缔造不同的诗文质感；在不同的人生阶段，书写不同的爱情神话。

　　机敏聪慧的王弗，温柔贤淑的王闰之，两心相知的王朝云，三个王姓女子，亦为东坡半生的颠沛流离，平添几抹斑驳的色彩和烟火生气。从这方面讲，无疑，东坡是幸福的。

　　当时的社会，女性大都以夫家姓氏称呼，没有正式名字流传下来，譬如苏轼的祖母称史氏，母亲称为程夫人，苏辙的妻子一辈子安于"史氏"名下。唯有苏轼的两个夫人王弗和王闰之，以及侍妾王朝云，都难能可贵地拥有自己的名字，且青史留名，闰之还有自己的字"季璋"，这在当时是很少见的。嫁给苏轼这样一位大文人，是她们莫大的幸运。

王弗是苏轼刻骨铭心的初恋，是他心头的朱砂痣，心上的白月光。人生若只如初见，这份初见带着少年的眷恋与青春的芬芳，所以苏轼才会念念不忘这个在最美丽的年华遇见，又在最灿烂的年华逝去的女子，以至于在她去世十年之后，掷笔写下千古悼亡第一调《江城子》，肝肠寸断，长歌当泣。

王闰之，是王弗的堂妹，在王弗去世后成为东坡的第二任妻子，虽然比不得堂姐王弗，称不上最才的女，但可以称为最贤的妻。闰之小东坡十岁，按照常理，两人是老夫少妻的婚配，但东坡常挂在嘴边的却是"老妻"。这个"老"字，正如"老婆"与"老公"之类叫法，张口即来，习以为常。一句"老妻"，包含着"相濡以沫、相依为命"的愿望，是熟稔得不分彼此的亲昵，是左手牵右手的患难相依。

闰之自小倾慕苏轼，王弗素知堂妹性情豁达、任劳任怨，在病危之际，特意嘱托闰之，替自己照料不善理家的丈夫和幼小无依的儿子。

王弗病逝后，嫁到苏家的闰之，对姐姐留下的年仅六岁的苏迈和自己后来所生的苏迨、苏过,"三子如一",皆同己出,使东坡又重新拥有了一个和谐、美满的避风港湾。

闰之与丈夫同甘共苦二十五载,这二十五年是东坡人生最为动荡的时期,历经著名的"乌台诗案"和"黄州贬谪",王闰之陪伴他辗转半个天下,她享过福,担过惊,更吃过苦,默默陪伴东坡走过人世的风风雨雨,毫无怨言。

闰之贤良淑惠,但贤淑绝不是盲从,更不等同于逆来顺受,她有自己柔韧的坚持。

苏轼在密州任太守时,天下大旱,蝗灾四起,饿殍满地,民不聊生。苏轼到任伊始,便紧锣密鼓地投身灭蝗战斗,他组织官员济贫扶困,收养弃婴,还与百姓一道挖野菜,度饥荒,几乎到了心力交瘁的地步。

一天傍晚,满身疲惫的苏轼回到家中,年仅四岁的小儿子苏过看到多日不见的父亲,小跑着过来牵着衣襟要吃的玩的。苏轼气不打一处来,劈头盖脸就是一顿训斥。闰之连忙过来把孩子抱开,而后对丈夫良言相劝,苏轼心服口服,满面愧疚,诗以记之:

小儿不识愁,起坐牵我衣。
我欲嗔小儿,老妻劝儿痴。
儿痴君更甚,不乐愁何为。
还坐愧此言,洗盏当我前。

大胜刘伶妇，区区为酒钱。

——《小儿》

闰之说，孩子还小不懂事，你怎么比他还任性？在外奔波劳累，回到家就生气，身体怎么吃得消，干吗不自己找点乐子呢？

疼子怜夫，相夫教子。既有责怪，又兼关怀。春风化雨，两两安生。她清洗杯盏，给丈夫斟满一杯薄酒，为他解乏驱寒，营造一团融融暖意让丈夫感受家的温馨。

此时的苏轼，除了深深自责，还有什么邪火可发的呢？

"大胜刘伶妇，区区为酒钱"说的是"天下第一酒鬼"刘伶的故事。晋代名士刘伶，嗜酒如命，不能自已，家里只要有点钱，就被他拿出去偷偷买酒，喝到烂醉。为帮他改掉酗酒的毛病，刘夫人常把他的酒给藏起来，甚至"捐酒毁器"，把酒泼掉，酒具都砸了，弄得犯了酒瘾的刘伶在家里只好整天说谎、骗酒喝，最终亦死于酗酒。

苏轼认为闰之的德行，大胜于刘伶夫人，不由得发出如此感慨。一声老妻，叫得亲切、敬重。

谪居黄州时是苏轼一生创作的丰收期。人们常说，"每一个成功男人的背后，都有一个不平凡的女人"。在黄州苦涩艰辛的岁月中，有闰之陪伴，对苏轼来说是一种莫大的安慰。

苏轼生性狂放豪纵，知足惜福的闰之，给予他更多的自由。

【一六七】

常常有这样的想法，假若闰之不许东坡每日问道会友，不许他夜不归宿，聚众夜游，是不是就没有东坡苍凉悲壮的吟啸而作？

酒为诗媒，倘若没有闰之体贴周到的理解和宽容，没有闰之无私奉献的美酒佳肴，是不是就没有东坡与朋友的把酒临风，就没有前后赤壁赋的横空出世？

假若东坡在家里每天面对的是河东狮吼，或是心胸狭窄的妒妇，让苏轼每天为鸡零狗碎而跳脚，为吵架争执而烦恼，是不是就没有东坡的潇洒天真，来不得冲天豪气，无力倾吐诗文锦绣？

所以，家有贤妻的东坡是幸运的，惯于奔波的他颇为省心，也颇为自得，于诗于文中不无显摆。

闰之爱丈夫，东坡亦对妻子怜恤有加。闰之第一次被东坡在诗词里提起，便是以贤妻身份出现。

熙宁四年（1071年），苏轼出任杭州通判的第三天，把一地鸡毛交于闰之，便迫不及待地去西湖寻访恩师欧阳修介绍的朋友孤山诗僧惠思和惠勤去了，并洒脱地以诗记下他与高僧闲谈，乐而忘返的心情：

天欲雪，云满湖，楼台明灭山有无。
水清出石鱼可数，林深无人鸟相呼。
腊日不归对妻孥，名寻道人实自娱。

道人之居在何许？宝云山前路盘纡。

孤山孤绝谁肯庐？道人有道山不孤。

纸窗竹屋深自暖，拥褐坐睡依团蒲。

天寒路远愁仆夫，整驾催归及未晡。

出山回望云木合，但见野鹘盘浮图。

兹游淡薄欢有余，到家恍如梦蘧蘧。

作诗火急追亡逋，清景一失后难摹。

——《腊日游孤山访惠勤惠思二僧》

在大宋朝，腊日是个公休日，皇帝在这天赐给朝廷百官医药，平民百姓也走亲串友，"闾巷家家互相馈送"。东坡一家初到杭州，需要在这个节日里与同事、邻里乡亲人情往来，相互走动。东坡却不管不顾，孤身一人跑到孤山去寻僧会诗，还扬扬自得曰"腊日不归对妻孥"，言下之意"闾巷"之事妻子全能应对，他得以远离尘世喧嚣，到清静的孤山观水赏鱼，与鸟雀相呼。当时，东坡家里上有年事已高的老奶妈，下有嗷嗷待哺的儿子苏迨，还有侄子的遗孀及两个侄孙需要照顾，一家老小吃喝拉撒全靠任劳任怨的闰之操持，这样的"名寻道人实自娱"，无比幸福。是这样温良贤惠的闰之，这样惯着他的不管不顾。

东坡亦知自己身在福中，才高情厚的他不遗余力地在诗词里为闰之唱赞歌：

可怜吹帽狂司马,空对亲春老孟光。
——《明日重九,亦以病不赴述古会,再用前韵》

孟光是汉人梁鸿的妻子。"司马"是通判的代称,代指东坡自己。梁鸿在江南给皋伯通打短工时,其妻子孟光亲自舂粮,以维持生计。夫妻俩举案齐眉,相敬如宾。诗中用"老孟光"做比喻,足见闰之勤劳能干,与丈夫相濡以沫,感情深厚。

在和好友王巩的书信往来中,更是给爱妻闰之以极高的评价:

子还可责同元亮,妻却差贤胜敬通。
——《次韵和王巩六首》之五

"元亮"是陶渊明的字,陶渊明曾作《责子诗》,告诫儿子们要勤于农作,不能懒惰。东坡这两句诗,前面是点缀之词,妻子的善解人意,才是他所要隆重标榜的。

"敬通"是东汉大鸿胪冯衍的字。"博览群书"一词,说的就是他,《后汉书》称冯衍"幼有奇才,年九岁,能诵《诗》"。学问、人品皆在人上的冯衍,更讲究气节,遗憾的是他遇人不淑,娶了个特别悍妒的妻子任氏,每日鸡飞狗跳,牢骚不断。冯衍曾写信给妻弟,说自己按照先圣之礼纳妾,却遭到妻子嫉妒,这是自己和家庭的不幸,不去此妇,家不宁、不清,福不生,事不成。正因为

【一七〇】

此,《世说新语》的作者刘义庆才自我调侃,我与冯衍相比,有三点相合:一是为人慷慨,有高风亮节;二是刚直敢言,不为世俗所容;三是都有个厉害的老婆,家道坎坷。崇尚自由的东坡不喜束缚,也喜欢无事自嘲,夫人若有一丝专横,他早就像刘义庆那样叫苦不迭了。而"妻却差贤胜敬通"一语,说明妻子贤惠实在无刺可挑,自己这辈子比冯衍幸福多了。

闰之虽不擅作诗,但偶尔的灵光乍现,不能不让丈夫刮目相看。

苏轼一家在汝阳的时候,一天晚上,堂前梅花吐蕊,月色怡人,王闰之叫东坡邀朋友花下饮酒,她说:"春月色胜于秋月色,秋月令人惨凄,春月令人和悦。"苏轼闻之大喜过望:"我还真不知道你会作诗。刚才你说的话,真真诗家语言。"不会写诗的王闰之耳濡目染,不经意间口吐莲花,给了苏轼灵感,一首《减字木兰花》呼之欲出:

> 春庭月午,摇荡香醪光欲舞。
> 步转回廊,半落梅花婉娩香。
> 轻云薄雾,总是少年行乐处。
> 不似秋光,只与离人照断肠。

闰之乃性情中人,情急之下,不免做些"傻事"。东坡"乌台

【一七】

诗案"被捕入狱,她惊怖之下,担心那帮小人再从诗文中找出东坡的罪状,于是把家里的诗稿付之一炬。这一炬不知烧毁东坡多少锦绣诗文。这件事也成了千百年来喜欢东坡的人们心中一个永远的遗憾。可设身处地想,闰之做得合情合理。

人命关天,因为挚爱,才关心他的命,比在乎他的诗更甚。

无奈,天妒红颜。元祐八年(1093年)八月一日,闰之在汴京染病去世。东坡痛不欲生,作题为《祭亡妻同安郡君文》的祭文,寄托对妻子的万千情感:

> 维元祐八年,岁次癸酉,八月丙午朔,初二日丁未,具位苏轼,谨以家馔酒果,致奠于亡妻同安郡君王氏二十七娘之灵。呜呼!昔通义君,没不待年。嗣为兄弟,莫如君贤。妇职既修,母仪甚敦。三子如一,爱出于天。从我南行,菽水欣然。汤沐两郡,喜不见颜。我曰归哉,行返丘园。曾不少须,弃我而先。孰迎我门,孰馈我田。已矣奈何,泪尽目干。旅殡国门,我实少恩。惟有同穴,尚蹈此言。呜呼哀哉!

因为爱了,一世挂牵。农历正月初五是闰之的生日,这个特别的日子,令天涯辗转的东坡魂牵梦萦。绍圣三年(1096年),六十一岁的东坡在惠州,与朝云一道买鱼放生为闰之资福,并作

《蝶恋花》一词悼念亡妻,其时,王闰之已故三年。

> 泛泛东风初破五。江柳微黄,万万千千缕。佳气郁葱来绣户。当年江上生奇女。
> 一盏寿觞谁与举。三个明珠,膝上王文度,放尽穷鳞看围圉。天公为下曼陀雨!
> ——《蝶恋花·同安(君)生日放鱼,取金光明经救鱼事》

词中"三个明珠,膝上王文度",是赞美闰之对三个儿子一视同仁,疼爱不分彼此。"王文度"借用《晋书·王述传》中典故,王文度是王述儿子,长大还抱至膝上。天雨曼陀花出自《法华经》。王闰之和王弗的家乡都是眉州青神,那里江山秀美,岷江穿境而过。在漫天曼陀花雨中,山岭青翠,碧水潺湲,佳气葱郁,生于江畔人家的王闰之,在苏轼眼里,就是世界上最美丽的女子。

如果说,王弗与苏轼的十一年,是风平浪静、明媚如玉的温柔时光;那么,王闰之与东坡的二十五年,就是风吹浪打、惊涛拍岸的峥嵘岁月,鲜有阳光明媚的春天。

在生死场上镇静自若,笑向刀斧丛中的英雄自古不乏其人,但在残酷的政治打击面前仍谈笑风生、畅怀高歌的文人却并不多。豪放东坡,在宦海沉浮中,在一贬再贬、流放再流放的起伏跌宕中,能履险如夷、心境平和,不失其风流潇洒、幽默诙谐的本性,固然是他的性格、人生观、哲学观使然，但没有王闰之的理解、支持、开导、滋润，再高大的树木也会枯萎。

　　旁观者最为清醒。所以，对兄长的秉性、遭遇最为透彻了解的苏辙为王闰之作《祭亡嫂王氏文》，赞其为人：不论苏轼穷达得志不得志，他人手足无措，闰之却不改声色，处之泰然。锦衣玉食，她不惊喜；牛衣耕织，也不埋怨。那种淡定是与生俱来的天性，非关学问。她是那样豁达、那样善解人意，所以东坡愿与之同穴，也终于同穴。

　　这一世，闰之，和深爱的他在一起，不无快乐，不无悲苦。但，足矣。

　　与之同室，亦与之同穴。地老天荒不过如此吧！

　　夫复何求？

第四章 【莫逆】

为了找到一个好朋友，走多远的路也没关系。

——托尔斯泰

关于朋友，司马迁言："士为知己者死。"孔子也曾说过："有朋自远方来，不亦乐乎。"

诚然，古来圣贤多寂寞，孤寂的一生，有良友相伴，是多么重要。

东坡这一生，身如浮萍，运途多舛。好在有那么多追随他的挚友诗客的关注和关怀，他们矢志不渝，千里追随，让东坡在辗转飘零中获得友情的慰藉，点燃生活的热情，这是另一种难得。

初到黄州的东坡,在定慧院寓居时,曾作过一首小词:

> 缺月挂疏桐,漏断人初静。时见幽人独往来,缥缈孤鸿影。
>
> 惊起却回头,有恨无人省。拣尽寒枝不肯栖,寂寞沙洲冷。
>
> ——《卜算子》

他的门生黄庭坚曾为这首词题跋作注:"东坡道人在黄州时作。语意高妙,似非吃烟火食人语。非胸中有万卷书,笔下无一点尘俗气,孰能至是。"

论作词风格,确实如此,东坡手笔一流。但词人于词中流露的心绪,山谷道人并没有提及,或许不忍提及吧。

词中写遭遇不幸的孤鸿,心怀幽怨,却无人能理解它的痛苦。在每一个夜深人静、月挂疏桐的晚上,惊魂不定的它,拣尽寒枝,不肯栖息,形单影只地徘徊在凄冷的沙洲上。

这种寂寞荒冷,寄寓于缺月、疏桐、幽人、孤鸿、寒枝等意象,来表达词人孤高自许、思绪缥缈的心境。诗人吟咏的是孤鸿,也是无尽的寂寞。

这只孤鸿,是东坡在暗喻被迫离开朝堂,独自栖居在黄州,有无限委屈却无处倾诉的自己吗?

现今,《寂寞沙洲冷》被音乐人演绎成一首流行歌曲,在周传雄冷静荒寒的嗓音里,响彻大江南北,让许多人心有戚戚:

> 当记忆的线缠绕过往支离破碎
> 是慌乱占据了心扉
> 有花儿伴着蝴蝶孤燕可以双飞
> 夜深人静独徘徊
> 当幸福恋人寄来红色分享喜悦
> 闭上双眼难过头也不敢回
> 仍然拣尽寒枝不肯安歇
> 微带着后悔
> 寂寞沙洲我该思念谁

"拣尽寒枝不肯栖,寂寞沙洲冷。"当一个人心灵遭受重创的时候,当思念一个人到绝望的时候,都会有此心声吧。

贬谪黄州的东坡,思念的是亲人,需要的是朋友。

没有人不需要朋友,托尔斯泰曾发自肺腑地痛陈:"为了找到一个好朋友,走多远的路也没关系。"

《佛经》上说:一个好朋友,当看到对方的错误时,会真诚地指出;当朋友遇到好事时,会真心地感到高兴;当朋友遭受痛苦时,会守在朋友的身边,鼓励他,支持他。

【一七七】

知之者谓之心忧。很多朋友为陪伴东坡，纷至沓来。

譬如陈慥。陈慥，字季常，自号龙丘先生，是东坡第一任上司凤翔府尹陈希亮的儿子。仕途之初，年少气盛的东坡，不满意陈希亮的刻板严谨，常与之争议，甚至形于颜色。但这并不影响他与府尹儿子陈慥的一见如故。年轻的陈慥，喜欢弄枪舞剑、狂歌狂饮，是个挥金如土的游侠之士。他与东坡两个人豪气干云，抒怀言志，颇为投合。陈希亮去世以后，陈慥以平民之身归隐异乡。元丰三年（1080年），他听说苏轼被下放在黄州，特地七次造访，到黄州陪伴落难的好友。陈慥诗文俱佳，又精通禅学，两人在一起自然有聊不完的话题，他们篱边采菊，牛背横笛，渔樵吟唱，田垄吟诗，共度诗酒时光。

东坡原本性情之人，加之天纵奇才，兴之所至，声色雅趣，戏谑、顽劣至登峰造极。偏偏这陈季常的老婆柳氏是个出名的悍妇、妒妇，季常在她面前畏首畏尾，不敢高声，于是，常常被东坡打趣。

一个月朗风清的圆月之夜，陈慥准备了一桌丰盛的酒菜，邀请东坡到家里小聚。"未曾有一法，不从因缘生，是故一切法，无不是空者"。东坡和陈慥，一边喝着小酒，一边就着这样的话题谈佛论道。开始还谈笑风生，谁知虚无主义无孔不入，两人讲得灰头土脸，毫无生气。于是，陈慥就提议让家里的歌女前来歌舞助兴。彩袖飘飘，婷婷婀娜，人世原本如此美好，两人情绪好了许多。谁知，陈慥的妻子柳氏，性情暴躁凶妒，见不得丈夫流连歌舞声色，听到歌乐之声便醋性大发,拿着木杖大喊大叫,用力捶打墙壁。这极不和谐的声音响彻厅堂,陈慥尴尬至极,一脸丧气,却又无可奈何,东坡就在这首《寄吴德仁兼简陈季常》里,开陈季常的玩笑:

龙丘居士亦可怜,谈空说有夜不眠。忽闻河东狮子吼,拄杖落手心茫然。

东坡感叹道:龙丘居士甚可怜,和朋友谈论佛法忘乎时间忘了睡眠。忽听老婆一声吼,手杖落地,心惊胆也寒。

说河东狮子,是因为柳氏老家是河东。于此短短四句中,后人演绎出两个成语,"季常之痛"和"河东狮吼"。直到今天,"河东狮吼"还常被世人挂在嘴边,成为古今妒悍妇人的代名词。一句玩笑似的调侃,创造出这般有趣典故,使得老友千古留名,也只有东坡有如此手笔和魅力。

调侃归调侃,两人之间的深情厚谊是无法用文字来表述的。元丰四年(1081年),东坡为陈慥作散文《方山子传》,为朋友留下千古美名。

黄州的东坡,像一块具有非凡磁力的磁石。他"上可陪玉皇大帝,下可陪卑田院乞儿",所以他的朋友来自五湖四海,形形色色,甚至有几位在当世堪称"怪人"的奇人异士。

道潜就是其中一位。道潜字参寥,何姓,今浙江临安市浮溪村人，其腹有锦绣，尤擅作诗。苏轼和参寥彼此仰慕，肝胆相照，他们经常吟咏唱和、互相切磋，友谊甚笃。

苏东坡这样来评论道潜：

> 身寒而道富。辩于文而讷于口。外柔而中健武。与人无竞，而好刺讥朋友之过。枯形灰心，而喜为感时玩物不能忘情之语。

寥寥数语，道潜的个人风格以及东坡对他欣赏、敬佩之情跃然纸上。这种佩服是有缘由的。

东坡在徐州做官时，参寥专程自余杭前去拜访。一日，宾朋同僚聚会，参寥独处静室躲了清净。席上舞女轻歌曼舞，极尽声色之乐。东坡当众说："今天参寥不留下点笔墨，令人不可不恼。"遂让歌伎马盼盼带着纸笔去找参寥，索诗以助弹唱。从来不习惯拒绝的参寥，不假思索，口占一首绝句：

> 寄语东山窈窕娘，好将幽梦恼襄王。禅心已作沾泥絮，不逐春风上下狂。
> ——《口占绝句》

好个"禅心已作沾泥絮，不逐春风上下狂"，清警彪炳，让在座宾客一片哗然，东坡更是顿足而赞："我以前也见到柳絮落在泥上这样的现象，我早就想把它写进诗里，可惜一直没用心想过，不料今天被参寥用了，可惜，可惜了！"跳跃在东坡心头的连声"可惜"，何尝不是"可喜"？

参寥以"沾泥絮"自况，表明自己禅心已定，无意再凑红尘热闹。不显山不露水，却分量自在，传神而入理，兼得以苏大才子的万分肯定，自此，有情有义有文才的"诗僧"参寥名闻海内。

乌台诗案，参寥与王巩、颜复、陈襄等二十九人因收有苏轼的"讥讽文字"而被调查审问。三十八岁的参寥因受牵连，被责令还俗。元丰六年（1083 年），他风尘仆仆跋涉两千余里奔赴黄州，陪伴东坡一年之久。无车无马，千里追随，这份情谊岂是"山高海深"这样的俗字可以说得。

痛惜朋友因为自己被革除僧籍，苏东坡将参寥的出家原名"昙潜"改为"道潜"。道潜随东坡辗转南北，可谓诗酒唱和的莫逆之交。

元祐四年（1089 年），苏轼任知杭州，道潜卜居西湖智果精舍。一次，东坡召集众人饮酒，酒酣耳热，兴致勃勃的他故技重演，在彩笺上挥毫一幅墨竹图，让一名官妓拿去找参寥即兴题诗。拿到墨竹图的参寥，没有推却，提笔墨成：

小凤团笺已自奇，谪仙重扫岁寒枝。梢头馀墨犹含润，恰似梳风洗雨时。

——《题东坡墨竹赠官妓》

"新诗如玉屑，出语便清警"。正如东坡诗里总结的那般，此诗首句赞彩笺奇巧，二、三、四句写所画墨竹昂扬生气，好个逼真形似，东坡连连击掌叫好。

元祐六年（1091年），苏轼由杭州太守被召为翰林学士承旨时，曾作《八声甘州·寄参寥子》，送给挚友：

有情风万里卷潮来，无情送潮归。问钱塘江上，西兴浦口，几度斜晖？不用思量今古，俯仰昔人非。谁似东坡老，白首忘机。

记取西湖西畔，正暮山好处，空翠烟霏。算诗人相得，如我与君稀。约他年、东还海道，愿谢公、雅志莫相违。西州路，不应回首，为我沾衣。

东坡亦想和参寥一起，归隐山林。无奈，心怀天下，身不由己。

东坡被贬谪岭南时，参寥还打算前去伴随，当时的岭南乃蛮荒之地，山高水远，东坡写信力加劝阻他才作罢。

和参寥一样，与东坡亲密无间、荣辱与共的莫逆之交，还有王巩。

【一八二】

在二十多位"乌台诗案"被牵连的同案犯中，王巩是受责罚最重的，被贬谪到地处岭南荒僻之地的宾州。朋友受此无辜连累，东坡非常内疚，感到特别对不起王巩，他在《王定国诗集叙》中说："今定国以余故得罪，贬海上五年，一子死贬所，一子死于家，定国亦几病死。余意其怨我甚，不敢以书相闻。"王巩遭遇堪悲，可谓祸不单行，令东坡不忍。

但王巩终是一个不凡之人，不凡之人亦有不凡之事。他不为贬谪萦心，甚至安慰东坡，在和东坡的书信往来中大谈道家长生之术，说自己正在宾州修行；不为自己的不平遭遇消沉颓废，而是刻苦攻读，著书立说，贬谪五年，写下《论语注》十卷，收获颇丰。

心放平，灵魂才会坦然和宁静。心放宽，脚下的路则越走越宽。罗大经《王定国赵德麟》记载："定国坐坡累谪宾州，瘴烟窟里五年，面如红玉，尤为坡所钦服。"

元丰九年（1086年），王巩奉旨北归，东坡设宴为好友接风洗尘，乍一相见，欢喜非常。东坡发现归来的王巩非但没有通常谪官那种落拓仓皇，还精神焕发、红光满面，越发从容豁达，大惊，追问缘由。

王巩笑了笑，叫出侍妾柔奴来为众宾客献歌。柔奴怀抱琵琶，转轴拨弦，轻启朱唇。之前东坡也曾见识过柔奴的才貌双全，如今觉得她的歌喉更为婉转，唇红齿白，妩媚动人。东坡非常纳闷，难道宾州的水土果真养人？

王巩告诉苏轼，当年被贬出京，歌女出身的小妾柔奴，抛却荣华富贵，毅然随行。在荒凉的宾州，王巩泼墨吟诗，访古问道，柔奴则柴米油盐，红袖添香，助其奋发。几年来，多亏柔奴的陪伴，使他在南疆僻岭的宾州熬过寂寞艰苦的岁月。

　　听完王巩的陈述，东坡深深感慨两人的患难情深。

　　他试探地问旁边的柔奴："岭南应是不好？"

　　柔奴浅浅地笑，淡淡地说："此心安处，便是吾乡。"

　　一语道破天机。天机，不过就是以我心换你心而已。

　　柔奴，又名点酥娘。她本是洛阳城中大户人家的女孩，小时候家境不错，娇生惯养，后来家道中落沦作歌女，幸被王巩收留。没想到这个弱不禁风的女子，如此胸怀大义，陪伴心爱的人流落天涯，无怨无忧，安之若素，东坡对柔奴大为赞赏，填词《定风波》一阕，赞美柔奴：

　　常美人间琢玉郎，天应乞与点酥娘。尽道清歌传皓齿，风起，雪飞炎海变清凉。

　　万里归来颜愈少。微笑，笑时犹带岭梅香。试问岭南应不好，却道：此心安处是吾乡。

　　可以与相悦、相爱的人在一起，任何磨难都不足为惧。

　　只需拥有一颗快乐知足的心，人生何处不适意？

蜗角虚名，蝇头微利，算来著甚干忙。事皆前定，谁弱又谁强。且趁闲身未老，尽放我、些子疏狂。百年里，浑教是醉，三万六千场。

思量，能几许？忧愁风雨，一半相妨。又何须，抵死说短论长。幸对清风皓月，苔茵展、云幕高张。江南好，千钟美酒，一曲《满庭芳》。

——《满庭芳》

因为这么多知己一生相伴，不离不弃，东坡亦接受了命运的大起大落，放下蝇头小利虚名，不和谁说短论长，醉笑陪君三万场，此心安处是吾乡。

一曲《满庭芳》足见端倪。

第五章 【南渡】

> 你若想得到这世界最好的东西,得先让世界看到最好的你。
>
> ——贺拉斯

黄州的东坡,虽然是贬谪之身,好在有一群拥护他的朋友,有农舍雪堂,有田园东坡,白日放歌,夜游纵酒,算得上潇洒安乐一阵子。

但好景不长,因为皇帝还在惦记着他。

神宗皇帝非常欣赏东坡的文才,《行营杂录》中记录了这样的故事:

某一天,皇帝与几个亲信在一起说起苏东坡,神宗皇帝随口问：众爱卿说一说，苏轼可与哪位古人有一比？

几位近臣异口同声地回答：与李白可有一拼。

神宗听后摇摇头：不然，李白有苏轼的天分，没有苏轼的学问。

虽然神宗皇帝对苏轼不免偏袒，但金口玉言亦不差矣。

诗、词、文，以及书、画，在诸多文艺领域里，东坡样样拿得起放得下，且又都样样凌绝顶，一览众山小。就连烹调和酿酒，都有独滋独味的"苏子秘方"。由此可见，东坡在皇帝心中具有无可替代的地位，连大诗仙都得靠后一步了，试问，哪位文人还敢称霸叫强？

不能不惦记。

《苏长公外记》记载：神宗皇帝读东坡《水调歌头·明月几时有》，心下戚然，一声长叹："苏轼终是爱君！"人性都是相通的，一个朝堂之上孤家寡人，一个天涯羁旅缥缈孤鸿，那一刻所有的不尽如人意涌上心头，曲高和寡，尽由"琼楼玉宇，高处不胜寒"一斛倒出。

神宗在皇宫进膳时，佐以每餐、手不释卷的都是东坡新写的诗词文章。

读至高兴处，神采飞扬，直道加饭；读至伤悲处，双目茫然；甚至，歌女于席间唱咏苏词，"帝必投箸不能食"，抚案长吁短叹，环顾左右，自言自语：苏子瞻到哪里去了？

苏子瞻呢，此刻或许头戴斗笠、手扶犁耙在东坡汗流浃背地

【一八七】

劳作,和种田的庄稼汉在田间地头乐呵呵地聊着农事,望着风中摇曳的沉甸甸的稻谷穗子喜上眉梢。

抑或正在江上一只小舟里喝酒。月上中天,一舟星河一船风。夜景太美,醇酒醉人。人啊,一旦邂逅对的景、对的人,再有对的人斟一杯对的酒,索性就不管不顾、畅快地喝吧。今朝有酒今朝醉,不用记得南北又东西。不过,写诗,随时随地都可以,即便烂醉如泥,提笔即是:

夜饮东坡醒复醉,归来仿佛三更。家童鼻息已雷鸣。敲门都不应,倚杖听江声。

长恨此身非我有,何时忘却营营。夜阑风静縠纹平。小舟从此逝,江海寄余生。

——《临江仙·夜归临皋》

素有归隐之心的东坡,多么希望有朝一日可以挣脱红尘羁绊,远遁江湖之远,平平静静地度过余生。无奈"此身非我有",置身宦海命不由己。既然这样,就让自己趁此良辰美景,驾一叶扁舟,随波流荡,任尔东西。

类似这种超脱而未能的人生遭际,尘世之人似都逃不脱,郁郁于心,无法表达于言外,此时,唱唱或读读《临江仙》,当豁然开朗,和苏子一起忘却营营,荡舟江海。

一八八

写首诗顷刻就能惹下麻烦，说的就是东坡。东坡属北宋第一号公众人物，太引人注目，只半天工夫，这首词已穿过五湖传遍四海，万人兴叹，谣言四起，纷纷说罪臣东坡挂冠服于江边，不知逃到哪里去了。黄州太守徐君猷听到这个消息大惊失色，因为他有监管东坡不能离开州境的责任。他赶紧到临皋亭巡查，结果发现酒醉的东坡并未"江海寄余生"，正在卧榻之上鼾声如雷，梦会周公。

当然，这个关于苏轼的逸闻和他的绝妙诗句一起，被呈给了皇帝。

还盛传着这样一件事。有一段时间，东坡的胳膊偶染风湿，甚至扩散到右眼上，眼睛影影绰绰看不清物像，他几个月闭门不出，像突然在人海中失踪了一样。适逢曾巩在江宁府（今江苏南京）去世，就有人讹称东坡和曾巩两个文曲星在同一天被天庭召回，同赴玉楼去了。这消息像长了翅膀一样，连皇帝也听到了，打听来打听去，都说"听闻"，众口铄金，就信以为真，正是午餐时间，皇帝觉得索然无味，一唱三叹："难得再有此等人才！"遂离席而去。

这个"坏"消息也传到范镇耳朵里，这个真性情的老头子哭得很伤心，吩咐家人即刻前去黄州祭奠。家人劝说，怕只是传闻，确认了消息再去也不迟。老头子想想也是，赶紧派人快马加鞭到黄州，始知事情真相。东坡为此哭笑不得，在给范镇的书信中说："平

【一八九】

生所得毁誉,皆此类也。"这件事从积极角度来看,也说明世人对东坡的强烈关注,苏大才子的一举一动都牵动着千万人心。

这个东坡居士啊,让皇帝爱也不是,恨也不是。

皇帝希望东坡重返朝堂,时刻伴君左右,人尽其才。神宗有想法也有行动,他有意使东坡掌史馆,无奈遭到新政大臣极力反对。你想啊,东坡那么不安分的主儿,皇帝又这么看重,让他回朝那不是闲得给自己找事儿吗?他们找各种理由和借口推三阻四,圣意也没能如愿。都说"普天之下,莫非王土;率土之滨,莫非王臣",北宋的王土上,皇帝的任性也是受到一些限制的。

然,帝王之尊,一言九鼎还是必须的。主意已决的皇帝亲书一道圣旨,把远在黄州的苏东坡调遣到美丽富饶的汝州(今临汝)任团练副使,虽不能朝夕相见,让东坡离京师近些,在自己羽翼之下,过得舒坦些,也是一种安慰。

已把黄州作故乡的东坡,难却皇帝的一份盛情,只能叩谢皇恩浩荡。宋神宗元丰七年(1084年),东坡作《满庭芳》一词,依依不舍地告别黄州的父老乡亲,告别他辛苦经营起来的农舍田园,举家前往汝州就任。

归去来兮,吾归何处?万里家在岷峨。百年强半,来日苦无多。坐见黄州再闰,儿童尽楚语吴歌。山中友,鸡豚社酒,相劝老东坡。

云何，当此去，人生底事，来往如梭。待闲看秋风，洛水清波。好在堂前细柳，应念我，莫剪柔柯。仍传语，江南父老，时与晒渔蓑。

"东坡在黄州，寒食开海棠之宴，秋江泛赤壁之舟，历五年之久，临别依依"，他不忍离去，又不得不去，于是就有了这首长短句。

蜀中故里太遥远了回不去，厮混熟了的黄州又留不得，诗人感慨复惆怅：归去啊归去，我的归宿在哪里？此时的东坡已经四十八岁，二十多年的宦海生涯，风雨颠簸，让他在南迁北徙中早已心力交瘁。可现在，他又要走上不归路，不能不苦闷，满腹幽怨想往外倾倒，但一向豪放旷达的东坡，于词中道出一句"人生百年已过半，剩下的日子也不多"之后，很快调整了自己的当下情绪，将如江水海潮般的牢骚与哀愁，化解为与亲朋挚友以及黄州父老乡亲真切的依依惜别之情，以"堂前细柳莫剪柔柯、晴时替我晾晒渔蓑"为话题娓娓倾诉，告诉黄州父老乡亲们，待我再次归来的时候，我们还在东坡的秋风里，举杯邀明月，把酒话桑麻。

散文式的句子和俚俗的语言相辅相成，不假雕琢，脱口而出。哪一句都不足为奇，合起来却不能不令人叫绝。

天才诗人，泼墨挥毫从来都是一蹴而就，无须劳神费力。另一首信笔拈来的《别黄州》，和此章有着相同的心绪：

[一九一]

病疮老马不任鞿,犹向君王得敝帷。
桑下岂无三宿恋,樽前聊与一身归。
长腰尚载撑肠米,阔领先裁盖瘦衣。
投老江湖终不失,来时莫遣故人非。

东坡希望以后还有机会可以回来,殊不知,这一别,烟水茫茫,孤舟飘摇,再也回不去了。

六月,东坡乘坐的小船途经江宁(今南京)的时候,特地停留去看望赋闲在家的王安石。这时候,王安石已不复当年推行新法时政治家的气势和威风,闲居于南京的半山园。他两次被拜为宰相,又两次被罢相,其间遭到一手扶植起来的亲信吕惠卿的背叛,兼之三十三岁的儿子王雱不幸病故,白发人送黑发人,这位曾叱咤风云的老宰相万念俱灰,辞职回乡,成为一个在乡间独自骑驴闲行、疲惫颓唐的乡村野老,"喃喃自语,有如狂人"。

东坡在江宁与王安石朝夕相处一个多月。同是天涯沦落人,他们谈诗,斗嘴,议论朝政,促膝交谈,游戏说笑,毫无顾忌。

王安石早年发愤,中年秃顶,常被人以"秃驴"调侃。一天,东坡邀约王安石同到中山古刹游玩。在书房门口碰到王家管家,就问:"秃驴在否?"恰好被房里的王安石听到,大声回答:"不在!'东坡'啃草去了!"东坡听了哈哈大笑。

二人一起来到钟山脚下,在一座题为"王八驮石碑"的汉碑前欣赏书法。

王安石看到石碑下压着的"大乌龟",眉峰一扬,笑着对东坡说:"学士,此碑颇有倾斜!"

东坡正斟酌碑文,上下审视一眼,不假思索地反问:"这块石碑正直耸立,哪有倾斜?"王安石指着碑下的"乌龟"说:"细看,下面向(像)东坡矣!"东坡一听,当即明白王安石在为刚才的戏弄反击,灵机一动,计上心来:"'安石'不正也!安石不正,石碑怎可能直乎?"二人对视一眼,捧腹大笑起来。

此次会面,苏王二人,彼此有了更为深入、更为真实的认识。王安石对东坡的文才大加赞赏,东坡亦为老宰相的渊博学识折服,在诗中为这次相聚留下了珍贵的一笔:

骑驴渺渺入荒陂,想见先生未病时。劝我试求三亩宅,从公已觉十年迟。

——《次荆公韵四绝》

东坡说,看着满面病容的老宰相独自骑着毛驴,默默走在荒野上,想起他昔日雷厉风行的样子,心里多么难过。假若时光能倒退多好,退回到十年以前,那么我就会在江宁买上几亩田地,和老相国比邻而居,一起喝茶聊天,一起谈诗论道。

其实,苏东坡和王安石两个北宋文学大腕儿,只是政治主张不同，他们都是思想刚正的正直文人，都是为大宋江山社稷励精图治、效忠效力的政客，所以，政治上的分歧并不影响他们成为惺惺相惜的朋友。这一次会面也是他们最后一次见面，元祐元年（1086年）四月，也就是两年之后，郁郁寡欢的王安石病逝，享年六十六岁，获赠太傅，葬于江宁的半山园。

告别老宰相后，东坡继续南行。走了几个月，汝州已经不远了。但禁不住江南几位朋友的热情相邀，东坡喜欢上了常州，希望能在这个风景秀丽的地方度过余生。东坡向上级打了《乞常州居住表》的报告，仁慈的神宗皇帝乐得做个顺水人情，批准了他这个请求，任命他为检校尚书水部员外郎、团练副使，即刻赴任。虽然依旧是戴罪之身，不能签署公事，东坡却也不计较，没有公务也好，人间有味是清欢，能在常州久居，有好山好水好友常伴，已然满足。

原以为此生就在常州乐山乐水了，没想到梦想又要落空，北宋王朝遇上了大事。

宋神宗元丰八年（1085年）三月五日，积劳成疾的神宗皇帝驾崩，年仅三十八岁。

第六章 【官禄】

> 最好的生命状态就是，看过了尘世的黑暗与痛苦，却依然坚持自己的单纯与美好。
>
> ——题记

关于王安石变法，历史上素有争议。对推行王安石变法的神宗皇帝，自然也是褒贬不一。神宗皇帝赵顼素有抱负，励精图治，登基后不遗余力地推行新法，希望可以通过自己的努力振兴朝纲，再造汉唐盛世，丹青传美名。可惜，事物往往不以人的意志为转移，即便九五之尊的皇帝也不能，由于改革操之过急，不得其法，最终失败收场。

元丰八年（1085年）三月，年仅三十八岁的神宗皇帝赵顼，

【一九五】

壮志未酬，怀着深深的遗憾告别尘世。其九岁的儿子赵煦继位，改年号元祐，是为宋哲宗。哲宗年幼，其祖母，神宗的母亲高太后临朝听政。

深居后宫的高太后一直很关注儿子的江山大业，认为变法有悖祖宗之礼。儿子病故后，高太后大权在握，以"母改子政"的形式改弦更张，召告老还乡、在家著书立说的司马光入京，官拜尚书左仆射兼门下侍郎，数月间罢黜新党，尽废新法，史称"元祐更化"。

新法被推翻，变法派被赶出京城，反对变法的官员被相继召回。这个时候，流放在外的东坡，也该回朝了。

这样，被神宗皇帝恩准把常州作为终老之地的东坡，"十年归梦寄西风，此去真为田舍翁"的梦想即成为泡影，朝廷任命他为登州太守，千里迢迢奔赴登州，到达登州仅仅五天，又以礼部郎中的身份被召回京。

实干家就是实干家，为民请命，用心尽力，分秒必争。短短五天时间，屁股都没坐稳的苏大人，体察民情时竟发现了朝廷政策上的一大疏漏之处：临海的登州，海盐遍地，但因为所有百姓必须食用官盐的朝廷法令，老百姓放着家门口白花花的海盐不能食用，却不得不自掏腰包去买政府从外地运来的官盐。何其荒唐！民以食为天，东坡亦以百姓之"天"为天，连夜上疏《乞罢登莱榷盐状》，向朝廷陈述了"登州、莱州百姓食官盐，官无一毫之利而民受三害"

之弊端。一直纠结在登莱百姓心头的吃盐问题迎刃而解。

为纪念这位"在位五天"的太守，登州老百姓集资修建了苏公祠，至今，古登州境内的蓬莱还流传着"五日登州府，千年苏公祠"的千古佳话。东坡这一举措，充分印证了他"在其位，谋其政。任其位，尽其责"的从政品质。

有责任有担当，又天纵奇才，所以，苏东坡总是得到北宋当时几位皇后的荫庇。乌台诗案，仁宗皇后曹太后曾向神宗求情，放过苏轼是对病榻上的她最好的慰藉；而今，英宗皇后高太后擢升东坡为重臣。及至晚年的东坡被贬谪在儋州，若不是神宗皇后向太后代摄政事，他就客死蛮荒了。

贤德、真性情的女人凭借能力和直觉，明辨是非，甄别善恶，东坡受此恩遇，不足为奇。

春风得意马蹄疾。好运来了，浩浩荡荡，挡都挡不住。抵达京都的东坡，可谓官运亨通：

元丰八年（1085年）五月六日，苏轼被任命为朝奉郎、登州知州，官阶七品。

同年九月十八日，苏轼被任命为礼部郎中，官阶六品，负责朝廷的礼仪、祭祀、科举等事务。

同年十二月十八日，苏轼被任命为起居舍人，官阶六品。

元祐元年（1086年）三月十四日，五十一岁的东坡免试为中书舍人，官阶四品。

【一九七】

同年九月十二日,被任命为翰林学士、知制诰,官阶正三品,皇帝特赐给他官服一套,金腰带一条,金镀银鞍辔马一匹。

元祐二年(1087年)八月,苏轼兼任经筵侍读,给小皇帝赵煦当老师。做帝王之师,对封建时代的知识分子来说,是最荣耀的职位。对东坡来说,也是为官的最高境界。

从元丰八年五月到元祐二年八月,苏东坡以火箭般的速度,青云直上,连升六级。

官位提高了,相应的地位也提高了。首先是官服的颜色变了,由之前的一袭绿袍(七品以下)换为一身绯袍(五、六品官),继而紫袍加身,翩翩风采,成为参政议政的核心大臣。

至此,东坡这个被太后赏识、令朝野仰慕的三品大员,距离宰相只有一步之遥。

官拜宰相,权倾四野,不是没有机会。但在权力和坚持自己的两个立场上,东坡选择的是坚持自己。

譬如,在对待旧党人物上台后全面否定、推翻新法的各项举措的问题上,东坡始终保留自己的看法。

因为被外放和贬谪,有多年在地方任职的实践经验,他对基层的水深火热,百姓的忧患苦楚有着最深刻的同情和体会,对新法的优劣长短有着更加理性的认识。他建议朝廷对实行二十年的新法,秉持"校量利害,参用所长"的态度,实事求是,因地制宜,不搞一刀切。废除那些不利的政策,继续推行对老百姓确实有利的措施。譬如免役法，相对于变法之前的差役法，占据着"天时、地利、人和"的诸多优势，直接地废除，势必给老百姓造成更大的负担，引起社会的动荡。

东坡坚持己见，主张废除新法的司马光亦寸步不让，毫不妥协。书生意气，意气书生，此名称不是没有缘故。

一次，在司马光的宰相府邸政事堂里，他俩就免役法的存废问题又展开激烈的争论。都是厚积薄发的文学大腕儿，自然吵架的功夫也是华山论剑的巅峰级别。东坡据理力争，与司马光针尖对麦芒，司马光怒不可遏，脸色像小孩子的调色盘，白一阵赤一阵，那阵势，把东坡拉出去千刀万剐的心都有。

东坡不着急，慢条斯理地说："君实大人，当年您做谏官时，与宰相韩魏公（琦）争论朝政得失，魏公虽然很不高兴，但您依然奋然不顾地说下去。如今您当了宰相，难道就不能允许我把话说完吗？"

司马光虽然很生气，君子之风犹在，当即向东坡表示歉意。不过，心里终有些芥蒂，对苏轼的意见置若罔闻，我行我素，固执己见。东坡气得跳脚，下班回家后，边进门边喊：司马牛，司马牛。意思是司马光简直就是牛脾气。《论语》里有个孔子的弟子司马牛，与司马光同姓，被苏东坡给借过来发泄怒气。

子曰："益者三友，损者三友。友直，友谅，友多闻，益矣。友便辟，友善柔，友便佞，损矣。"

意思是说，有益的朋友有三种，有害的朋友有三种。正直的朋友，帮助你成就仁德；诚信的朋友让你有所依靠，能忠信不欺；见闻广博的朋友，可以帮助你获取知识和智慧，同他们交往是有益的。相反，和善于阿谀奉承的人，当面恭维、背后诽谤的人，花言巧语的人交朋友，是非常有害的。

吵架归吵架，生气归生气，司马光亦是正直坦荡真君子，隶属"益者三友"之列，并没有给东坡穿小鞋。

司马光在元祐元年（1086年）九月逝世。东坡郑重其事地写了碑文，给予老相国很高的评价，并在葬礼那天率同僚前去相国府祭拜。不想，因为祭拜这件事情，和理学大师程颢、程颐两兄弟结下梁子。

程颐负责主持这场葬礼，这位理学大师平素一副高高在上的样子，令人生厌。这次主持葬礼，自以为是、不善变通的他，更是刻板得不近人情。按照常理，当亲朋前去拜祭的时候，逝者的家属理应站在灵柩之侧，向灵前吊唁的客人一一还礼，这种风俗直至现在还在沿用。但是，这个程颐却固执地认为，孝子如果真孝，应当是悲痛得不能见客人才是，他不准司马光的儿子司马康站在灵柩一旁，对前来吊唁的客人还礼。

并且，因为那天恰逢神宗灵位送入太庙的斋戒之日，按周礼百官早晨曾在太庙唱过歌，不可以同一天再去吊丧哭泣，他便不许朝廷百官前往故相国司马光府吊唁。即孔子在《论语》中说过的：

"子于是日哭，则不歌。"

众人沉默着不说话。东坡看不下去，大声反驳说："《论语》上并没说'子于是日歌，则不哭'。"不顾程颐的劝阻，率领一行人进了门。行礼拜祭的时候，没有看见司马光的儿子来接待客人，知道是程颐作梗，苏东坡于是朗声说道："伊川可谓糟糠鄙俚叔孙通。"

这句话翻译成白话文就是：你程颐就是烂泥沼里爬出来的叔孙通！叔孙通，西汉大儒，为刘邦制定了一套完整的朝堂礼仪。这是说程颐这个人不懂装懂，假学究，过于死板，太迂腐。听了东坡的话，全场哄堂大笑。

有些事只能做不能说。奈何，东坡做了，也说了；

有些事只能说不能做。可惜，东坡说了，也做了。

他一直保持着自己最好的生命状态，看过了尘世的黑暗与痛苦，却依然坚持自己的单纯与美好。

卷四 一蓑烟雨任平生

第一章 【书画】

> 且陶陶、乐尽天真。几时归去,作个闲人。对一张琴,一壶酒,一溪云。
>
> ——苏轼

建中靖国元年(1101年)正月,遇赦北返的东坡重游金山寺。在寺中,又看到了当年在驸马都尉王诜领衔的西园雅集上,李公麟为自己画的一幅画像。画中的他端坐在岩石上,一条藤杖斜横膝上,头上戴着当年轰动一时,街头巷尾士子文人争相效仿的高高的"子瞻帽",双目明朗,神态安详。

东坡望着这幅画像,之前的光辉岁月,五年黄州、三年惠州、四年儋州,死里逃生、万里北还的贬谪生涯,于眼前一一浮现,他

百感交集,在画像旁边提笔留字,为自己饱经坎坷、四海飘零的一生做以下总结:

心似已灰之木,身如不系之舟。

问汝平生功业,黄州惠州儋州。

——《自题金山画像》

湖北黄州,是东坡"平生功业"的第一站,也是他人生坐标轴上的一个重要节点。遭此劫难的他,没有任自己沉溺,一蹶不振,而是在自我纾解中,以孤绝的坚守与超然,应对兜头而来的一切,在艺术的殿堂中,构筑精神的绿地。春种秋获,开花结果,完成脱胎换骨的涅槃。

强者不是没有泪,而是含着泪依然奔跑。当一个人修炼到足以包容所有生活之不快,安适于内心的平和与宁静,从容、专注地去做一件事时,他就站在了精神的最高处,再没有什么苦难可以将他击倒。

弗洛伊德认为,人生其实是难的,因为它给我们太多的痛苦、失望和挫折。但我们又不能只靠安宁疗法去忍耐生活的无奈。于是,人们通常用下面这三种方法来对待人生:其一是彻底自欺欺人,也就是说不把那些痛楚当回事儿;其二是寻找一些能够减轻痛苦的替代满足感;其三是用麻醉物品让自己对痛苦失去感觉。第三种方式最不可取，但许多人却以身试毒，毒害了自己。第一种和第二种方式则普惠众生。

如他所言，人之一生其实就是一个逃避现实苦难的艰难行程。人类逃避的方式有很多种，比如宗教、幻想（文学及艺术即属此列）、超越（哲学）、麻醉（酒精）等。以艺术的或者文学的幻想方式逃避现实，来替代缺失的满足感，实在是一种比较积极可取的生活方式。

当今网络名人，以古体画与打油诗搭配调侃现世，形成独特的画风而走红的老树画画如是说："我还是喜欢将艺术看作在生活本身当中的一种特殊的存在，一个相对独立的处所。因为如此，我们才有个可逃避的去处。也正是因为有了艺术这个说辞，我们才有一个可以合法逃避现实世界的理由和借口。"

敏感多思的文艺爱好者的心理古今大同。东坡亦有此说法："我一生之至乐在执笔为文之时，心中错综复杂之情思，我笔皆可畅达之。我自谓人生之乐，未有过于此者也。"

在黄州，在惠州，在儋州，他无视处境的恶劣，忘情于诗文创作，挥毫泼墨，纵笔驰骋，享用"最悲惨而同时最活泼快乐的生活"。

除却诗词，他还涉猎很多文艺领域。诸如书法和绘画。东坡不仅是独步天下的文坛宗主，而且也是一位叱咤风云的书画大师。

做了，就全力以赴，做最好的自己。东坡的书法，功力非凡，与黄庭坚、米芾、蔡襄并称"宋四家"。

艺术需要天分,却没有捷径可走,付之辛勤方能浇灌出娇艳花朵。东坡这个"宋四家"之首,亦是以"铁杵磨成针"的毅力夯实资本。他遍学晋、唐、五代的行家里手,研习王僧虔、李邕、徐浩、颜真卿等诸位大家的精妙笔法,勤学苦练,而自成一家。

《黄州寒食帖》是东坡书法作品中的上乘之作,是聊以遣兴的诗作,诗的名气虽不算特别大,但因书法而名留千古:

一曰:
自我来黄州,已过三寒食。年年欲惜春,春去不容惜。
今年又苦雨,两月秋萧瑟。卧闻海棠花,泥污燕支雪。
暗中偷负去,夜半真有力,何殊病少年,病起头已白。
二曰:
春江欲入户,雨势来不已。小屋如渔舟,蒙蒙水云里。
空庖煮寒菜,破灶烧湿苇。那知是寒食,但见乌衔纸。
君门深九重,坟墓在万里。也拟哭途穷,死灰吹不起。

寒食节,在清明节的前一二日,是为了纪念名臣义士介子推而设立的节日。这一天,全民禁烟火,只吃冷食,有上坟、郊游、斗鸡、打毯等习俗。其中上坟之民俗,延续至今。唐代以来逐渐合并为清明节，以表对先人"思时之敬"。

在黄州第三年的寒食节这天，穷愁潦倒的东坡想起家乡，想起逝去的亲人，将郁郁不乐的凄凉和惆怅贯注于笔尖，诗情、画意、书境三者融为一体，寄情于境，成就诗章；以境寓情，锻造跌宕起伏、一气呵成的笔锋。尺幅之上，每一笔、每一画、每一处线条，正锋或侧锋，无不恣肆奇崛，浑然天成，气势不凡，触之夺目，毕现东坡"我书意造本无法，点画信手烦推求"的精髓。此帖诞生后，几经辗转，被河南永安县令张浩惠存。张浩与黄庭坚相熟识，元符三年（1100年）七月，张浩特地携此诗稿到眉州青神县谒见黄庭坚。黄庭坚见到恩师的书稿，激动之情无以言表，于是欣然走笔，题跋于诗稿：

> 东坡此诗似李太白，犹恐太白有未到处。此书兼颜鲁公、杨少师、李西台笔意。试使东坡复为之，未必及此。他日东坡或见此书，应笑我于无佛处称尊也。

黄庭坚论语精当，书法妙绝，气酣而笔健，令人叹为观止，与东坡之书可谓珠联璧合，心有灵犀。

世人对《寒食帖》评价极高，元朝鲜于枢把它称为继东晋王羲之《兰亭集序》、唐朝颜真卿《祭侄文稿》之后的"天下第三行书"。《兰亭集序》漫卷雅士风流,《祭侄文稿》是古之圣贤贤达的标杆,《寒食帖》一展学士才子的风范。它们各有千秋,各领风骚,是行书史上的三块里程碑。

东坡的代表作还有《梅花诗帖》《前赤壁赋》《东武帖》《怀素自序》等书法作品,皆被后人推崇。同属"宋四家"的黄庭坚,在《山谷集》里说:"本朝善书者,自当推(苏)为第一。"这个评价东坡当之无愧。

书画同宗,东坡的画技和画论亦堪称一绝。东坡率先提出"士人画"的概念:"观士人画,如阅天下马,取其意气所到。乃若画工,往往只取鞭策、皮毛、槽枥、刍秣,无一点俊发,看数尺许便卷。汉杰真士人画也!"他作画,不求形似,讲究神似,主张画外有情,画要有寄托,追求"诗画本一律,天工与清新",为后来"文人画"的发展奠定了扎实的理论基础。

他评王维的《蓝田烟雨图》说:味摩诘之诗,诗中有画;观摩诘之画,画中有诗。这则评语被后人追捧和认可,几乎成了对王维的诗歌与绘画的定评。

画到无求品自高。东坡的画作,以生动的气韵和坚强的主观性作为创作根底,"以一种扣人心弦的新奇性和具有启发作用的方式,重新解释了那些古老的真理"。他的《枯木竹石图》《古木怪石图》《潇湘竹石图》,都属于这种类型的经典作品。借助于枯木怪石的形象,把内心里的坎坷不平、情绪的跌宕起伏,通过苍劲有力的运墨,淋漓尽致地表达出来。《枯木竹石图》构图大胆,笔格遒劲,恰如鲁道夫·阿恩海姆所言,使"一切原来为人们所熟悉的事物都具有了一种从未见过的外表"。抑或,"这些从未见过的外表"又让你感觉似曾相识,有风骨,有棱角,用它独特的存在方式,令你怦然心动,铭记不忘。

苏东坡论自己书画时说:"吾书虽不甚佳,然自出新意,不践古人,是一快也。"

绝,绝无仅有。直,直击人心。艺术,要的就是这样一种披肝沥胆的相见。

苏东坡生平爱竹,尤其喜欢在房前屋后种几竿竹子。竹子在清风中龙吟细细,在明月下疏影摇曳,都让诗人心有所动。翠竹傲视风霜、苍翠俨然的品格,更让诗人心有共鸣。东坡写:"宁可食无肉,不可居无竹。无肉令人瘦,无竹令人俗。人瘦尚可肥,士俗不可医。"他以妙笔为竹的超凡脱俗、清高自诩叫好。

他还画得一手好竹,《墨竹图》中,枝枝墨竹如箭,如戟,让后人由衷地敬佩和赞叹:

身形挺直,宁折不弯,是曰正直。
虽有竹节,愈抑愈扬,是曰奋进。
外直中通,襟怀若谷,是曰虚怀。

【二〇九】

有花深埋,素面朝天,是曰质朴。
玉竹临风,群芳翘首,是曰卓尔。
虽曰卓尔,却不似松,是曰善群。
载文传世,任劳任怨,是曰担当。
质地犹石,方可成器,是曰性坚。

东坡,何尝不是这竿竹,本色天然,一根傲骨宁折不弯。

第二章 【自退】

> 生活，就是一种永恒沉重的努力，努力使自己在自我之中，努力不致迷失方向，努力在原位中坚定存在。
>
> ——米兰·昆德拉

看电视剧《苏东坡》，丞相王珪有一句台词让人记忆深刻："苏轼只会做自己，不会做人。"王珪非常欣赏苏轼的文采，想拉拢苏轼成为自己的党羽，无奈苏轼不为所动，所以王珪才出此言。

王珪所谓的"会做人"，无非是处世圆滑，善于左右逢源，卑躬屈膝，处心积虑地玩政治把戏，为自己谋取高官厚禄。东坡偏偏就不是这样的人，达观任性，独具卓见而又义无反顾的他，天生就不善于政治上的投机钻营，他只做自己——刚正不阿、棱角分明的自己。

可惜，这个世界，江河滚滚，泥沙俱下，"会做人"的人太多了，而能坚持做自己的人，实在凤毛麟角。

林语堂先生说，东坡永远不够为一个党人，因为他过于孤高，非常人可及。

木秀于林，风必摧之，不管不顾做自己，坚持正直本色、坦言无畏的言行，必定会得罪许多善于做人的人，遭到那些"会做人"的人的攻击。东坡是他们的眼中钉、肉中刺，东坡不倒，焉有他们的出头之日？

曾经，对王安石新政的弊端慷慨陈词的东坡，而今，对旧党执政后暴露出的腐朽本质，仍毫不留情地进行批驳。至此，东坡是既不能容于新党，又不能见谅于旧党。是时，几十份奏章都在弹劾他，他忠直的劝谏被斥为"诽谤"，他反映民生疾苦的诗篇被驳为"诋毁"，故技重演，小人们在他以往的诗文中寻章摘句、断章取义，进行污蔑陷害。

譬如《归宜兴留题竹西寺》三首：

十年归梦寄西风，此去真为田舍翁。
剩觅蜀冈新井水，要携乡味过江东。

道人劝饮鸡苏水，童子能煎莺粟汤。

【三二二】

暂借藤床与瓦枕,莫教辜负竹风凉。

此生已觉都无事,今岁仍逢大有年。
山寺归来闻好语,野花啼鸟亦欣然。

写这三首诗之时,东坡南渡抵扬州,欣闻自己放归阳羡、归隐田园的夙愿终于有望,怎不尽欢?兴之所至,诗人在竹西寺的墙壁上,洋洋洒洒提笔成诗。他感叹仕途的坎坷,为村居田舍、山泉茶香欣然。贬谪之身重获自由,俨然飞鸟入林般快乐,眼中的一切生机勃勃,形势大好,苏辙作子瞻墓志:"公至扬州,常州人为公买田,书至,公喜,作诗有闻好语之句。"

如此好诗竟被指责为犯上的罪证。好事之人单单拎出第三首大做文章,责之:神宗驾崩于三月五日,这首诗写于五月一日,正是国丧时期,万民悲痛,苏子瞻你为何忘乎所以地高兴,敢把皇上驾崩这件事公然视为"闻好语",如此大不敬的勾当,该当何罪!

欲加之罪,何患无辞。

幸亏有子由,他挺身而出为兄长辩护:苏轼不会在五十六天之后才得知神宗驾崩的消息,诗中之"闻好语"实是在扬州田间地头听到农人谈论英明的幼主登基,十分欢喜,故有诗。

理由中肯有力,掷地有声,哪个还敢大放厥词!

宅心仁厚的皇太后亦是东坡的一把强大的保护伞,她笃信自己判断善恶的能力，不为谗言左右，一再把诸如此类的弹劾束之高阁。

即便这样，依然不能杜绝宵小之徒的寻衅之举。与其在朝廷与人周旋劳心费神，不如在基层做点实事，东坡因而再度自求外调。

元祐四年（1089年），东坡以龙图阁学士的身份，被皇太后派遣到阔别十六年的杭州任太守。

东南形胜的杭州，城郭与自然山水连在一起，湖光山色，富饶美丽。东坡欣然前往。

杭州的神韵在于西湖，"杭州之有西湖，如人之有眉眼"，但元祐四年，东坡眼里的西湖，"葑合平湖久芜漫，人经丰岁尚凋疏"，水涸草生，满目疮痍。如果不加以治理，任其发展，二十年后，就再也看不到美丽的西湖了。东坡忧心忡忡。

事不宜迟，他连夜给朝廷打了一份详细的报告——《乞开杭州西湖状》，力陈五个西湖不可废的理由，请求朝廷拨款疏浚西湖。得到朝廷批文后，苏东坡发动二十万名民工投入治理工作，挖淤泥，除葑草。苏东坡亲力亲为，从勘测、规划，到具体实施，每个环节都一一过问，绝不疏忽。

怎样处理挖出的葑泥，这个问题让他绞尽脑汁，苏轼最终提炼出建设性的构想。他亲自指挥广大民工，用葑泥在湖中筑一条横贯湖面的数里长堤，像一条美丽的彩带，把西湖分为两半，堤的东面是外湖，堤的西面为里湖，堤上有六桥相接，以便行人通行，两边栽植柳树和桃树,护住堤坝,后人称之为"苏堤"。为保护疏浚后的西湖,东坡指导工匠在湖水最深处设立三座石塔,严禁渔民在石塔界线以内的湖面种植菱藕。这三座石塔,是西湖"三潭印月"一景的雏形。

历经三四个月的整治,西湖又重现烟波浩渺、绿波荡漾的西子风貌。桃柳相间的长堤,花开在畔,绿绦依依,波光树影,鸟鸣莺啼,有民谣唱:"西湖景致六吊桥,一株杨柳一株桃。"至今,"苏堤春晓"仍是著名的西湖十景之一。

大涝之年,东坡率众抗洪度荒,拯救饥民;大旱之年,东坡率众清理运河,兴修水利。他和水政专家一起,视察水位,勘察地理,制定措施,夜以继日、紧锣密鼓地付诸行动,约半年时间,完成了运河治理工程。既解决了交通问题,更解决了百姓的饮水和供水系统问题。

东坡还带头捐献五十两黄金,并广泛筹集捐款,在杭州创办了第一家病坊,解决了杭州百姓看病难、抓药难的问题,史称"安乐坊",这是中国最早的公立医院。

居杭期间,虽有公务之琐,案牍之劳,工程之累,但这位五十多岁的老人,活得意气风发,精神百倍,做起事来得心应手,拥趸众多,其乐融融:

忆在钱塘岁,情好均弟昆。

时于冰雪中，笑语作春温。
——《送鲁元翰少卿知卫州》（节选）

他和助手、同僚、下属等，彼此之间开诚相见，亲密合作，情同手足，志同道合，通过小诗可见一斑。

可笑，王珪之"不会做人"终成谬谈。

原来，不是"不会做人"，只是道不同，不相为谋而已。

第三章 【岭南】

> 无穷的远方,无数的人们,都和我有关。我存在着,我在生活,我将生活下去,我开始觉得自己更切实了。
>
> ——鲁迅

人们有时也许会傻想,像苏东坡这样让中国人共享千年的大文豪,应该是他所处的时代的无上骄傲,他周围的人一定会小心地珍惜他,虔诚地仰望他,总不愿意去找他的麻烦吧?

著名文化学者余秋雨先生这句话道出了千千万万人的心声。当我们想当然地认为,苏东坡这位旷世奇才,在他所处的时代是天

【二二七】

之骄子,理应受万人瞩目,得到与他的学问、才能相匹配的地位和待遇。

事实恰恰相反,越是超时代的文化名人,往往越不能相容于他所处的具体时代。中国世俗社会的机制非常奇特,它一方面愿意播扬和轰传一位文化名人的声誉,利用他、榨取他、引诱他,另一方面从本质上却把他视为异类,迟早会排拒他、糟践他、毁坏他。起哄式的传扬,转化为起哄式的贬损,两种起哄都起源于自卑而狡黠的觊觎心态,两种起哄都与健康的文化氛围南辕北辙。

分析得何其透彻!

仁宗皇帝爱才惜才,初读轼、辙制策,退而喜曰:"朕今日为子孙得两宰相矣";

神宗皇帝亦欣赏东坡文采,宫中读之,进膳忘食,称之为天下奇才;

太皇太后甘当东坡的守护神,为他遮阴挡雨;

爱他的朋友遍天下。

即便这样,依然不能改变东坡一生辗转漂泊的命运。

恨他、怕他、刁难他、嫉妒他、排挤他、构陷他的人,一直接连不断。

【二二八】

"东坡何罪?独以名太高。"苏辙一言以蔽之。

元祐年间,苏轼迁官频繁,他由杭州移至汝州、郓州,又改扬州,北上河北至定州,不得不长时间奔波在更职赴任的路上。像一株蒲公英,看似自由,分明身不由己。"坐席未暖,召节已行,筋力疲于往来,日月逝于道路。"

元祐八年(1093年),对于东坡来说,注定是一个多故之秋。八月,东坡的第二任妻子王闰之病故。九月初三,太皇太后驾崩。哲宗执政,下诏改年号为"绍圣",继承父亲神宗皇帝的施政方针,重新启动变法新政,于是,旧党纷纷被赶下台去,新党耀武扬威。党争愈演愈烈,章惇一伙对"元祐党人"进行疯狂报复。苏轼首当其冲,在被迫害之列。

失去爱妻,同时又失去太皇太后庇护的东坡,被冠以"讥讽先朝"的罪名,在定州任上落端明、翰林两学士,贬谪英州。东坡让苏迨一家和苏过的妻儿,去宜兴投奔大儿子苏迈。自己则与苏过、侍妾王朝云并两名老婢,奔赴贬所。

当他还在赴英州的途中时,受昔日"老朋友",现在成政敌的章惇以及蔡京、来之邵的"厚爱",哲宗皇帝又两次对东坡加重处分,把苏轼贬为宁远军节度副使,惠州安置,不得签署公事。按照宋朝的法律,被"安置"的贬官,其行动被当地州衙管制,不能擅自出城。就这样,五十九岁高龄的苏轼,"垂老投荒再被严谴",身世浮沉雨打萍。

【二二九】

在古代，惠州地处岭南，气候湿热，环境恶劣，城小人贫，生活条件极其艰苦，属蛮貊之邦，瘴疠之地。被贬谪到此的官员，大都是"罪大恶极"、与当朝权贵反弹琵琶者。

宰相章惇将苏轼贬逐岭南惠州，其实还有另一份毒辣心思，他派遣与东坡父子有多年宿怨的程之才，到广州任广南东路提刑，希望他利用职权之便，到辖区惠州迫害东坡，置东坡于死地。

谁知他的如意算盘仅是自己的一厢情愿。程之才早有心利用此次机会解开两家四十多年来的心结，毕竟，老一辈人均已作古，他们原本是亲上加亲的关系，一辈子为敌，如何向先人以及后辈交代。他和东坡见面话旧，冰释前嫌，酬唱往来，书信频繁，相处得很愉快。也是程之才醒悟得早，没为自己留下千古骂名。

此时的东坡，年事已高，身体也大不似从前。获罪之人，自然无权无钱，连自身行动都要受到诸多限制。但东坡"不以一身之祸福，易其忧国忧民之心"，尽自己所能，利用姐夫兼表兄程之才的关系，利用自己丰富的人脉资源，为惠州百姓分忧解难，解决了很多实际问题。

当时，惠州驻军多缺营房，大多数军士无房可居，杂居在市井之间，租借民房栖身，以致军士贫困不堪，酗酒赌博成风，有的甚至沦为盗贼，滋扰得百姓不得安生。东坡看在眼里，急在心上。他手书一封长达一千七百多字的书信给表兄程之才，把自己几个月来深入街巷调查的结果详细作以说明，并拟定一份合理化建议，请他"与漕司（即转运使司）商量",修建"三百间瓦屋",以解决驻军营房不足导致"军政堕坏"与扰民的问题。经过东坡的积极运作,此事终于得到妥善解决。

惠州缺医少药,很多百姓无钱医治,常年遭受病痛折磨。东坡奔走呼吁,提请州府设立公立药房,治病救人。并写信托朋友从广州购进大量药材,施医散药,为患病百姓免费救治。

东坡还为惠州百姓推荐和改造新式农具秧马,让农民坐在秧马上拔秧、洗秧和插秧,解决了他们小腿、脚跟因长时间泡在泥水里出现溃烂的问题。

惠州城四面环水,老百姓出入很不方便。一些年老体弱的妇女,出城去砍柴割草,或者进行农耕劳作时,稍有不慎就会掉进丰湖里溺亡。为方便两岸百姓交通往来,解除安全隐患,东坡特向提刑程之才和惠州太守詹范提出修筑"两桥一堤"的倡议。得到两位大人的支持后,东坡拟定了切实可行的建设方案,亲临一线,指挥工匠筑堤修桥。

后期工程资金出现严重不足,东坡慷慨解囊,捐出皇帝赏赐的金犀带,同时,写信给远在筠州的子由,动员弟媳史夫人把之前进宫觐见时太后所赏赐的金银细软拿来"助施"。八个月之后,绍圣三年（1096年）六月,东新桥、西新桥以及桥上的堤坝胜利竣工。自此,两岸百姓出门再不用划船涉水,再不用担惊受怕了。工程竣工之日,惠州城万人空巷,百姓欢欣雀跃,扶老携幼前来庆贺:

[三]

父老喜云集，箪壶无空携。三日饮不散，杀尽西村鸡。

——《西新桥》节选

为铭记东坡的功绩，惠州的父老乡亲将湖堤命名为苏公堤，简称"苏堤"。"大中国西湖三十六，唯惠州足并杭州"，这是继颍州西湖、杭州西湖苏堤之后的又一座苏堤，也就有了惠州西湖八大景之一的"苏堤玩月"。

不能不说，东坡不仅是著名的文学家、书法家和画家，还是一名资深的水利专家和建筑专家。华夏大地，凡东坡为官之处，都留下了泽及后世的非凡政绩。

他在《苏氏易传》中明确地说："君子有责于斯世，力能救则救之，力能正则正之。"在《答陈师仲主簿书》中又说："人生如朝露，意所乐则为之，何暇计议穷达。"这，就是东坡的为官之道。

父母为他取名"轼"，企望他像"轼"——古代车前用作乘车人扶手的横木，巧为观瞻，一生安稳。然而，东坡太有棱角，是非分明，给自己制造了诸多不安稳。仕路虽然随政治风波而上下，但他的心却始终祥和平静；无论担任职务是高是低，无论是顺境还是逆境，他都勤政廉政，为民请命，努力为老百姓做实事做好事。父母若泉下有知，也一定会为他而骄傲。

叶嘉莹先生言："苏东坡是在苦难之中完成了自己的一个人

物。"在封建社会，士人可以实现兼济天下抱负的机会少之又少，在皇帝不那么英明，仕途不那么顺利，天下不那么太平的情况下，能做到"一自东坡谪南海，天下不敢小惠州"，东坡已然是最优秀的了。

第四章 【维摩】

倘若我心中的山水，你眼中都看到，我便一步一莲花祈祷。

——《半壶纱》

据说，朝云很漂亮。

秦观赠她的诗，赞她美如春园，目似晨曦。

朝云很年轻，小东坡二十六岁。伴随东坡一起贬谪惠州的时候，朝云三十一岁，东坡五十七岁。

东坡喜欢朝云。诚然，年轻漂亮的女人男人都喜欢。但东坡喜欢的，不仅仅是朝云的年轻漂亮，活泼有灵气。

元祐初年，重新执政的宰相司马光大刀阔斧欲尽废新法，苏

【二三四】

东坡坚决反对,认为宜"参用其所长",在朝堂之上和司马光争得不可开交,回家后仍闷闷不乐。一天,退朝回家的东坡,吃过午饭后和侍女、家童在园子里散步闲谈。

东坡扪腹而问:"你们有谁知道,我这肚子里面装的都是什么东西?"

一个侍女抢着说:"学士的肚子里全是文章。"

又一个家童说:"学士满腹经纶,都是大见识。"东坡摇摇头,不以为然。

一旁的朝云不动声色地说:"学士一肚皮不入时宜!"

苏东坡听后捧腹大笑,大赞道:"知我者,唯有朝云也。"

东坡喜欢朝云,与其说是男人喜欢女人,不如说是才子喜欢知己。

东坡是值得一个女子用一生的时光来陪伴的男人。

世人厚爱苏东坡,因为东坡既是大才子,还是伟丈夫。东坡与三位女子的爱情让世人动容。男人离不开女人,自古至今皆如是。而令世人心有戚戚的是,在人生的每一个阶段,这个才名满天下的男人,对待每一个爱他、伴着他的女人,都爱得那么倾情、纯粹,着实难得。

如果说,东坡对王弗的爱,是青春的爱,有人生若只如初见的结发之情;

对闰之的爱,是对柴米之妻贤内助的爱,相濡以沫,伉俪情深;

那么对朝云的爱，则是对红颜知己的爱，她是心灵中一朵解语花和最后的爱人。

曾经看到过这样一段话："若能嫁与苏轼，花前月下，与他品诗论词，此乐何极！敛袖研墨，看他潇潇洒洒地写字，此乐何极！待他离去，仿他字迹，狗尾续貂，拊掌而笑，此乐何极！闲来无事，与他闲敲棋子，探讨食谱，此乐何极！羡慕朝云，嫉妒朝云，十二岁到苏轼身边，一守二十余年，不知朝云作何想，我们却总觉得，她是世间第一幸福的女子。"

如是旁观，朝云作为东坡的女人是浪漫的，幸福的，此乐何极！

其实不然，东坡的后半生，基本是在颠沛流离中度过的，其起伏跌宕的宦海生涯，又有多少日子算得是浪漫幸福，可以配称此乐何极？生活不只是诗和远方，更有眼前的苟且。朝云，能和她一生挚爱的苏学士朝夕相处、相厮相守是幸福的，但更多的日子，她要为他担惊受怕，为他分忧解难，和他相依为命。

柏拉图《对话录》中提出这样的说法：原来的人都是两性人，自从上帝把人一劈为二，所有的这一半都在世界上漫游着寻找那一半。爱情，就是我们渴求着失去了的那一半自己。

东坡遇到朝云，或者说朝云遇到东坡，都是找到了另一半的自己。

传说，王朝云家境贫寒，父母双亡，自幼沦落为钱塘一歌舞伎。熙宁四年（1071年），做杭州通判的苏东坡，邀请朋友文与可宴饮西湖。席间,几个歌女被召来伴舞侍酒,眸光流转、清秀洁雅的朝云,让东坡青眼有加,东坡非常同情朝云的不幸身世,遂接到家中,纳为侍女。那年,朝云十二岁。

此后,朝云就留在苏家,夫人王闰之对她亦悉心照顾,两人情同姊妹。朝云非常仰慕东坡先生的倾世才华,常伴他左右,为他研墨侍茶,深宵伴读。

那些年,仕路多舛的苏东坡外放杭州,官迁密州、徐州、湖州,跋山涉水,颠沛流离,又因"乌台诗案"被贬为黄州副使,走遍大半个中国,历尽磨难。黄州时,朝云被东坡收为侍妾。他们的生活一度十分清苦。朝云布衣荆钗,甘守清苦与贫贱,和东坡躬耕陇亩上,协助闰之夫人操持家务,洗手做羹汤,悉心照料先生的生活起居。

元丰六年(1083年),二十二岁的朝云为苏轼生下一个儿子。老来得子,东坡喜不自胜,为他取名遁(繁体"遯"),取自《易经》中的第三十七卦,是远离政治旋涡、消遁、归隐的意思。遁儿满月之时,东坡曾写诗自嘲,感叹昔日名满天下,而今流落天涯的自己,希望小儿子做个平凡之人,平平安安过一生:

人皆养子望聪明,我被聪明误一生。
惟愿孩儿愚且鲁,无灾无难到公卿。

——《洗儿诗》

【二三七】

孰料，天不遂愿。元丰七年（1084年）三月，在东坡易职汝州团练副使的途中，四个月的遁儿由于中暑不治，夭亡在朝云的怀抱里。可想而知，初为人母的朝云是怎样地肝肠寸断，东坡怜子惜母，悲恸难耐，执笔和泪记之：

吾年四十九，羁旅失幼子。
幼子真吾儿，眉角生已似。
未期观所好，蹁跹逐书史。
摇头却梨栗，似识非分耻。
吾老常鲜欢，赖此一笑喜。
忽然遭夺去，恶业我累尔。
衣薪那免俗，变灭须臾耳。
归来怀抱空，老泪如泻水。
我泪犹可拭，日远当日忘。
母哭不可闻，欲与汝俱亡。
故衣尚悬架，涨乳已流床。
感此欲忘生，一卧终日僵。
中年忝闻道，梦幻讲已详。
储药如丘山，临病更求方。
仍将恩爱刃，割此衰老肠。
知迷欲自反，一恸送余伤。

聪明乖巧的遁儿让人疼爱，字里行间跳跃的都是作为父亲的喜欢，失去儿子的哀伤力透纸背。想起孩子的可爱，他更加悲痛难耐。他深深地自责，认为孩子之伤，是受自己连累，长途跋涉、居无定所所致；字里行间，对朝云失去幼儿的痛楚，对失去血肉骨亲的朝云的怜惜和理解溢于言表。

东坡爱朝云，怜恤有加；朝云亦爱东坡，深情不移。

在宋代，侍妾本是富贵荣华的锦上添花，没有义务与主人荣辱与共。东坡被贬惠州的时候，已是花甲之年，戴罪之身，复兴无望，身边众多的侍女姬妾陆续散去，王朝云却始终万里相随，无怨无悔。对此，东坡深有愧意，提笔赋诗。序曰："予家有数妾，四五年相继辞去，独朝云者随予南迁，因读乐天集，戏作此诗。"

不似杨枝别乐天，恰如通德伴伶玄。阿奴络秀不同老，天女维摩总解禅。

经卷药炉新活计，舞衫歌扇旧因缘。丹成逐我三山去，不作巫阳云雨仙。

——《朝云诗（并引）》

伶玄即伶元，其妾名樊通德，"能言飞燕子弟故事"，伶元所著《赵飞燕外传》一书，即根据通德所讲的故事写成。

李络秀，魏末晋初人，出身平民，是个有胆有识有城府的女子，家境富足的她说服父兄，屈身嫁与同郡安东将军周浚为妾。她在周家谨守礼教，相夫教子，终受到爱戴，两个儿子也相继成材，周家以嫡亲之礼待李家。

这首诗说的是，大诗人白居易年逾古稀的时候，他最宠爱的善唱《杨柳枝》词的爱妾樊素，竟别他而去，乐天因而有诗句"病与乐天相伴住，春随樊子一时归"抒发内心的寂寞。朝云与樊素同为舞伎出身，然性情迥异。东坡称朝云为自己的"天女维摩"，把这个聪慧美丽的女子比作纯洁不染的散花天女。言自己遇到了才比东汉时的通德、德比西晋时的李络秀，"二十有三年，忠敬若一"的朝云，与他休戚与共、惺惺相惜，比白居易要幸运得多。

所谓知音，就是能听懂你心声的人。所谓知己，就是那个了解你像了解他自己的人。

王朝云与东坡先生，是知音知己。她能于字里行间，曲曲折折的情思里，晓得先生的婉转心迹，东坡深感慰藉。

东坡曾作《蝶恋花》一词：

花褪残红青杏小，燕子飞时，绿水人家绕。枝上柳绵吹又少，天涯何处无芳草。

墙里秋千墙外道，墙外行人，墙里佳人笑。笑渐不闻声渐悄，多情却被无情恼。

东坡被贬惠州时,王朝云常常唱这首《蝶恋花》,为东坡聊解愁闷。

她每次唱到"枝上柳绵吹又少"时,总是伤感涕零,哽咽难声。东坡追问何故,朝云答:"妾所不能唱完者,'天涯何处无芳草'句也"。

东坡大笑:"我正悲秋,而你又开始伤春了!"

知己若异体同心,他何尝不知朝云泣怨所在。宦海颠簸,春秋几度,芳草年年绿,枝上柳绵吹无踪。一心尽忠报国的东坡被政敌一贬再贬,漂无定所,天涯沦落。几多叹,几多哀,让这一对患难爱人,相对无言,不能自已。朝云去世后,苏轼"终生不复听此词"。

绍圣三年(1096年)六月,王朝云在惠州时偶染瘟疫,日渐病体枯槁。东坡拜佛念经,寻医煎药,一日复一日地守在床前,祈求她康复。奈何身体太过虚弱的朝云,终不敌岭南闷热恶劣的气候,香消玉殒,年仅三十四岁。

尊重朝云的遗愿,东坡将她葬在惠州西湖孤山的松林里,在墓上筑六如亭以纪念,并亲手写下楹联:

不合时宜,惟有朝云能识我。

独弹古调,每逢暮雨倍思卿。

拥有这样的天地厚爱,朝云九泉有知,应含泪一笑了。

"倘若我心中的山水,你眼中都看到,我便一步一莲花祈祷。"

朝云一步三回头地去了。袅袅梵音中,她听到敬爱的先生在为她吟诗:

> 苗而不秀岂其天,不使童乌与我玄。
> 驻景恨无千岁药,赠行惟有小乘禅。
> 伤心一念偿前债,弹指三生断后缘。
> 归卧竹根无远近,夜灯勤礼塔中仙。
>
> ——《悼朝云诗(并引)》

他说,前世、今生弹指间灰飞烟灭,来生渺茫看不到着落。而我夜夜挑灯向你礼拜,让你感到我们还像从前一样亲密无间。

一行冷泪,渐然,洇湿先生白色的诗笺。

第五章 【放逐】

> 一个人并不是生来要给打败的。你尽可以消灭他,可就是打不败他。
>
> ——海明威

> 平生文字为吾累,此去声名不厌低。塞上纵归他日马,城东不斗少年鸡。
>
> ——《出狱次前韵二首》(节选)

乌台诗案,东坡被御史台羁押百日,以为山穷水尽,只求再结人间未了因。重获自由后,意气风发,诗瘾也大发,脱口而出上面四句。吟罢一头冷汗,自嘲说:"我真是无可救药了。"

元祐四年（1089年），东坡的诗词再次被佞臣断章取义，诬告非难，幸亏皇太后佑护，东坡自退，以龙图阁学士的身份知杭州。好友文彦博为他送行，劝他不要再写诗了，免得惹祸上身。弟弟子由也一而再再而三地嘱托兄长少写诗，多游乐。无奈，苏大诗人"积习难改"，任性而为。

绍圣三年（1096年）春，东坡随遇而安，倾其多年积蓄在惠州白鹤峰购地数亩，建新居二十余间，还打了一眼水井，供自己和邻人吃水之用，意欲终老惠州。

新居落成，东坡快慰之余情不自禁地作诗抒怀：

白头萧散满霜风，小阁藤床寄病容。
报道先生春睡美，道人轻打五更钟。

——《纵笔》

不料，历史重演，这首小诗又为他惹下了不小的麻烦。当朝宰辅章惇，就是当年不被王弗看好的"老朋友"，现如今时时刻刻提防着东坡，怕东坡活得痛快的政敌，读到此诗，一肚皮的不痛快，冷笑着说："苏子瞻尚如此快活耳！"于是，一纸诏书，将东坡贬至海南儋州。其他的元祐臣僚，一并一网打尽，全部贬到最险恶的偏远之地，让他们一损俱损，永难翻身。

有史料记载，这次贬谪令，号称文人的章惇玩了个文字游戏，根据罪臣的名字来决定其贬谪之所。东坡字子瞻，贬至儋州；"雷"字下面有"由"，子由远赴雷州；黄庭坚字鲁直，取形近，流放宜州。当时，一位测字先生由此预测：雷州之"雷"，头上有雨水，子由情况最好。儋州之"儋"，有人左立，子瞻本无大碍。唯鲁直去宜州，宜字去头乃"直"，此一遭性命堪忧。后来，果然一一应验。不能不让人佩服汉字文化的博大精深，有惊心之魅力，同样有动魄之魔力。

美国作家海明威一向以"文坛硬汉"著称，他在小说中塑造了很多坚韧、顽强、宽厚、仁慈，即便在人生的角斗场上屡受打击，面对不可逆转的命运，仍然勇往直前的"硬汉子"形象。如《老人与海》中的老渔夫圣地亚哥，《丧钟为谁而鸣》中的乔丹等，尽管他们失败了，却保持了人的尊严和勇气。这个硬汉子，最终因对自己的不满足和无法满足，选择饮弹自尽，践行了"一个人并不是生来要给打败的。你尽可以消灭他，可就是打不败他"的无畏。

东坡亦是这样的硬汉子，不过，比之海明威，他活得更乐观更旷达。对待艰难困苦的贬谪生活，没有逃避没有颓废，随遇而安，无往不快。

绍圣四年（1097年）四月十七日，六十二岁高龄且病魔缠身的东坡，接到琼州别驾昌化军安置诰命，深知此一去凶多吉少，对自己能否生还早已不抱多大希望。动身之前，东坡写信给广东太守王古："某垂老投荒，无复生还之望，昨与长子迈诀，已处置后事矣。今到海南,首当作棺,次便作墓,乃留手疏与诸子,死则葬于海外,……生不挈家死不扶柩,此亦东坡之家风也。"

"埋骨何须桑梓地,人生无处不青山。"东坡随时准备把自己这把老骨头留在海南的土地上。他将大儿子苏迈及家小安置在惠州白鹤居,挥泪诀别家人,带着小儿子苏过远渡儋州。

儋州,就是今天的海南岛。今日海南,碧海蓝天,风景怡人,是著名的旅游胜地。可大宋时期的儋州,却是蛮荒之地,天涯海角,所谓"南荒""非人所居"。无论经济还是文化,较之惠州更落后荒凉。

初至儋州,当地州官张中十分敬重苏东坡,让苏家父子在一间官舍里暂栖,官舍名曰"伦江驿",一个富有诗意的名字,真实的情况却没有名字这般美好。这一居所年久失修,破败不堪得难以想象。

屋漏更遭连阴雨,一天晚上,躺在床上的苏东坡忽然被从屋顶漏下的雨水浇醒,苏过只好把父亲的床铺换个位置,无奈"床头屋漏无干处,雨脚如麻未断绝",不久新换的地方又有雨水漏下。就这样,东东西西,父子俩一个晚上把床铺搬来搬去,所幸后来雨渐小,终于可以入睡了。早上醒来,苏东坡赫然发现枕头旁边睡满树叶,原来此舍既不遮雨,也不挡风。这让东坡非常感慨:遥想当年在京都,华丽的屋宇,华丽的被褥,还天天辗转反侧睡不着觉;如今,在这个难以挡风避雨的破屋子里居然能安然入眠。他自愧不如渊明，没能早早开悟，苦笑一番，写下了这样的诗句：

> 当欢有余乐，在戚亦颓然。
> 渊明得此理，安处故有年。
> 嗟我与先生，所赋良奇偏。
> 人间少宜适，惟有归耕田。
> 我昔堕轩冕，毫厘真市廛。
> 困来卧重裀，忧愧自不眠。
> 如今破茅屋，一夕或三迁。
> 风雨睡不知，黄叶满枕前。
> 宁当出怨句，惨惨如孤烟。
> 但恨不早悟，犹推渊明贤。
>
> ——《和陶怨诗示庞邓》

读着令人心酸。但当权者却不这样认为。

不能不说东坡如此不长记性，太率性，太任性。

这个东坡，才高名大，动辄舞文弄墨，出口成章。他交游广，徒众多，社会影响力非凡，随便抛出几句都可能让大宋的文山墨海掀起三尺浪。

不出几天，政敌们就从传诵的诗句中知道了东坡的行踪，遂责令州长张中将东坡逐出官舍，并追究其怠职责任，以致东坡的生活一度窘迫到"食无肉、病无药、居无室、出无友、冬无炭、夏无泉"的地步,和儿子相对"如两苦行僧耳"。如是这般,宰辅的目的达到了,也就终于放心了。

如此凄苦境地,竟然没有抹杀东坡的乐天派本色,他痛并快乐着。东坡和儿子苏过,和乡野农夫一起开荒种地。春天的时候,草田青青,他们煮食苍耳饱腹。生性喜好建筑盖房子的他,在当地老百姓的帮助下,在桄榔树林一旁,搭建了三间简陋的茅屋聊以栖身,还为茅屋取了个浪漫的名字"桄榔庵",并饶有兴致地写下了《桄榔庵铭》。

风雅至极,风趣至极,旷达至极。东坡,天下无敌。

儋州的老百姓都很同情东坡的遭遇,亦非常尊敬和爱戴这位大诗人,在东坡食粮不继之时,时常帮助他、接济他:

北船不到米如珠,醉饱萧条半月无。明日东家知祀灶,只鸡斗酒定膰吾。

——《纵笔·其三》

东坡亦不摆文人架子,他"食芋饮水,著书以为乐,时从父老游,亦无间也"。

因为东坡随和,醉酒之后在路上闹出笑话也习以为常。"但寻牛矢觅归路,家在牛栏西复西。"他喝醉了酒,兴尽晚回家,沉醉不知归途,醉眼蒙眬中找寻牛屎辨路。他还能记住,他的桄榔庵,就在牛栏的西边的西边。

因为随意,总角儿童都乐意与他亲近,和他开玩笑,东坡以诗《被酒独行遍至子云威徽先觉四黎之舍三首·其二》记之:

总角黎家三四童,口吹葱叶送迎翁。莫作天涯万里意,溪边自有舞雩风。

朋友送东坡一个大西瓜,他用头顶着带回家,且在田地里边走边唱。邻居一位七十多岁的老婆婆见了,不胜感慨地说:"内翰大人,你过去的荣华富贵,现在想来,是不是像一场春梦?"

苏东坡惊异于老婆婆的智慧,从此唤她"春梦婆",还作一首诗《被酒独行遍至子云威徽先觉四黎之舍三首·其三》送她:

符老风情奈老何,朱颜减尽鬓丝多。
投梭每因东邻女,换扇惟逢春梦婆。

"芝兰生于深林,不以无人而不芳,君子修道立德,不谓穷困而改节。"豪情侠义的东坡很快把自己融入这片荒寒的土地,以他炽热的民本思想、深博的文学造诣、大海般的襟怀、卓越的创造力,不遗余力地为贫瘠多病的儋州百姓造福。

儋州水面广，当地人没有掘井吃水的习俗和技术，祖祖辈辈都饮用河水、坑水，以致瘟疫流行，百姓多死于瘴毒。东坡带领老百姓掘土挖井，教化老百姓改饮地下水，改变不良的生活习惯。他还为百姓采药治病，救济穷困，倾尽自己的所有。

东坡还以他羸弱之躯，在儋州开学堂办书院，学堂命名为"载酒堂"，取自"载酒问字"的典故，自编教材，将终生所学毫无保留地传授给儋州后学。在东坡的积极倡导下，海南这隅蛮荒之处兴起了读书热，书声琅琅，弦歌四起。有诗记曰："谪居儋耳有三秋，轶事繁多史籍留。劝导庶民兴学馆，写成经义教名流。"

名师出高徒。自东坡居儋州，海南才出了进士，姜唐佐就是东坡培养出来的海南第一位进士。另外，东坡在儋州医药、生产发展史上亦留下不可磨灭的功绩。儋州县志记载："北宋苏文忠公来琼，居儋四年，以诗书礼教转化其风俗，变化其人心。"

暮年的东坡在儋州遭受苦难最多，文学创作方面却一刻也没有荒废，他以笔畅达，著书为乐，一面和陶渊明的诗，一面潜心做学问、写文章，创作诗词一百四十余首，散文、书信百余篇，作《书传》《志林》各一部，并对《易传》和《论语》进行修订和解读，以他枯萎的生命书写出了人生与文学的辉煌。

儋州三年，东坡在这片土地上留下一个伟岸的灵魂，一个震撼人心的背影。

第六章 【归去】

> 莫听穿林打叶声,何妨吟啸且徐行。竹杖芒鞋轻胜马,谁怕?一蓑烟雨任平生。
>
> 料峭春风吹酒醒,微冷,山头斜照却相迎。回首向来萧瑟处,归去,也无风雨也无晴。
>
> ——《定风波》

东坡《定风波》一词于简朴中见隽永,于寻常处生惊警,诗人旷达超脱的胸襟如秋阳朗照。不无沧桑,不无耿介。

世人读出的更多是沧桑。

千古仕路奔波客,宦海沉浮几度秋。南宋词人张孝祥,因歹人谗言,三年之内,两次被罢官。炎凉世情,喧嚣尘俗,磨平了他"少年气锐"的额角,沧桑如飓风来袭,他书"一梦经年归去好,宦情全薄此情深""世路如今已惯,此心到处悠然"。由一名爱国志士落拓成江湖处士,让一颗备受折磨、无力回天的心随遇而安,到大自然中去寻求解脱。另有辛弃疾的"而今识尽愁滋味,欲说还休。欲说还休,却道天凉好个秋",和《定风波》一词的心境大抵相同。

这正是中国封建士大夫的最大悲哀。

"竹杖芒鞋轻胜马,谁怕?一蓑烟雨任平生"。人生而为人,注定躲不过人生道路上的风雨坎坷。保持一颗平和的心很重要,我行我素很重要,得而不喜、失而不惊很重要。

谪居儋州的东坡一直秉持着这份旷达和从容。诚然,与幼子困守孤岛的他,闲暇之余,寂寞长夜人消瘦,有些情绪注定是免不了的:

> 世事一场大梦,人生几度秋凉?夜来风叶已鸣廊。看取眉头鬓上。
>
> 酒贱常愁客少,月明多被云妨。中秋谁与共孤光。把盏凄然北望。
>
> ——《西江月·中秋和子由》

这个秋天似乎来得更早一些,秋夜秋声秋瑟瑟,风卷残叶,飞旋于房前屋后，呼啸于眉头鬓上。

"又值中秋了吗？这月圆之夜，该是阖家团聚，儿孙绕膝，共享天伦。可是，家，以及亲人，他们都远在千里之外。而我，又在哪里？"

孤独的一轮冷月，洒下一片孤独的清辉，孤独的清辉照耀着月下孤独的吟咏诗人。远在天之涯海之角的他，想起逝去的父母和妻子，想起他乡的兄弟、孩子及家人，曾经和谐温情的一大家子，如今天各一方，不得相见，诗人怎不凄凉满怀！

一杯浊酒向家国，把盏之际谁与共？叹一句"但愿人长久，千里共婵娟"，泪零湿衣裳。

这个冷凉的秋夜，月明但被云妨。沦落天涯的诗人"凄然北望"，望故乡，望亲人，望朝堂。

他还不知道，元符三年（1100年）的朝堂，又有大事降临，宋哲宗赵煦因病驾崩。哲宗无子，其祖母向太后临朝听政，力排宰相章惇之异议，拥立宋神宗赵顼第十一子赵佶为帝，是为宋徽宗。向太后摄政六个月后，还政于徽宗。

不过，在这六个月内，还是做了一些大事。

她和她的婆婆曹太后一样，都是天性贤良之人，以女性的直觉和敏感判断善恶。在她摄政期间，元祐大臣全部获得赦免，及至七月还政给徽宗，她也尽己所能保护他们，被流放的元祐党人一部分回到京都升官补缺，一部分就地养老，还以自由身。

东坡当然在赦免之列。政治之道，首要之举是保证政局之稳。所以，即便准备委以重任，也不能即刻就颁发诏令，提拔的事，需要一步一步来。东坡先是被命内迁廉州（广西合浦），他依依不舍地告别儋州父老，于六月二十日渡海北还，大有"千里江陵一日还"的欣欣然。

廉州只是小住，同年八月，朝廷的诏命下来，改为舒州（今安徽安庆）团练副使，永州（今湖南永州零陵区）安置，不久后的一天，在路上的他又接到可以自由定居的消息。好事接二连三，如雨后春笋，大有东山再起的趋势。一路上，经过之处，老百姓夹道欢迎，人们都想一睹"大宋英才"之风采，为这位英才历尽磨难终出头而挥泪庆贺。

可是，又一个可是，说着"天有不测风云"。建中靖国元年（1101年）正月，向太后去世，预示着时局又开始不稳定了。

还是离京城远一些吧。世事无常，花甲之年的东坡，"老病唯退为上策"，想避开政治，避开争斗。好在，常州有一些田产，可以让他做一回陶渊明，采菊东篱，悠然南山。

可是，再一个可是，说着"人有旦夕祸福"。生命无常，向来不以人的意志为转移。在南京到常州的船上，东坡病了，并且病得很厉害。他身体虚弱，失眠、食欲不好，后来连站起来的力气几乎都没有了。

到常州后，病体依旧缠绵不愈，好友钱世雄以及在杭州认识的老朋友维琳和尚一直陪伴着他。一个月的光景，病床上的东坡气若游丝，他知道大去之日不远矣，安慰朋友们说："岭南万里不死，而归宿田里，有不起之忧，岂非命也耶？然生死亦细故耳！"弥留之际，他把三个儿子叫到床前，没有什么豪言壮语，亦没有不能瞑目的事宜需要交代，"我平生未尝为恶，自信不会进地狱。"他虚弱地细语。

"无愧于天，无愧于地，无怍于人，无惧于鬼"。东坡做到了。

唯一遗憾的是，他没能见到弟弟子由最后一面，夜雨对床但成空。他嘱咐儿子：大去之后，让弟弟苏辙为他撰写碑铭，让他与妻子闰之合葬在河南郏县的嵩山山麓下。那是他和弟弟早已选好的地方。他留恋地和老朋友们道别。

宋徽宗建中靖国元年（1101年）七月二十八日，苏轼告别了这个带给他欢乐与痛苦的世界，卒于常州，享年六十六岁。

唯大英雄能本色，是真名士自风流。2000年，法国《世界报》在全球范围内评选公元1001—2000年的十二位世界级杰出人物，苏轼是大中华唯一入列者，被誉为"千古英雄"。这个"千古英雄"称号，苏轼当之无愧。

苏轼，一生疏旷，也一生坎坷；少年中第，步入仕途，身负治国之志；以"东坡居士"扬名天下，又有"几时归去，作个闲人。对一张琴，一壶酒，一溪云"的田园之思；有五绝之才，是括及词、诗、书、文、画的艺术大家；自创体制，让宋词从此比肩于唐诗；

是好美食,好花木,好茗茶,好佳酿,好山水,好交友,追寻清欢有味的大生活家;风流,俊逸,赤诚,深情,品行文章皆得世人珍爱的千古第一文人,归去了。

苏轼之于宋,一如李白之于唐。

所以,苏轼这样的人,一千年才出一个。

一个,才是最值得追忆的。

后记

国人素有"叶落归根"的情结,很多名人大家去世后都选择葬在桑梓之地。苏轼是个例外。

> 圣主如天万物春,小臣愚暗自亡身。
> 百年未满先偿债,十口无归更累人。
> 是处青山可埋骨,他年夜雨独伤神。
> 与君世世为兄弟,更结来生未了因。
> ——《狱中寄子由二首·其一》

元丰二年(1079年),苏轼因乌台诗案下狱,在狱中以为自己必死无疑,写《狱中寄子由》一诗给弟弟苏辙,细数兄弟二人的深情,托付他照顾家小,为自己料理后事,在他百年之后,把他安葬在曾经任职的杭州。所幸,逃过劫难。

绍圣元年（1094年），苏辙知汝州，苏轼由定州南迁英州，路过汝州，便取道与子由相会。兄弟俩一起游览汝州名山胜水。郏县自古以山川秀丽而著称，黄帝钧天台更是风光旖旎天下闻。兄弟二人登临钧天台，北望莲花山。极目远眺，但见莲花山山势逶迤而下，"状若列眉"，酷似家乡峨眉山，商定百年之后以此作为归宿。

崇宁元年（1102年）六月，苏辙将兄长和在京西寺院里停放了十年的王闰之的灵柩，一同运至郏县同穴安葬。作《祭亡兄端明文》一文，详述兄长一生，其后又作《再祭亡兄端明文》，表达强烈的敬意和哀悼之情。政和二年（1112年），苏辙于颍昌逝世，享年七十四岁。其子遵其遗嘱将他与兄长苏轼葬于一处。元至正十年（1350年）冬，郏城县尹杨允到二苏坟拜谒，谓"两公之学实出其父老泉先生教也，虽眉汝之墓相望数千里，而其精灵之往来，必陟降左右"。遂将苏洵的衣冠冢也立于此地。

是处青山可埋骨，他年夜雨犹对床。三苏父子，在郏县这处山明水秀的地方，终得以安息。

附录　苏轼生平年表

仁宗天圣元年—嘉祐八年（1023—1063）

1037年1月8日（景祐三年十二月十九日），苏轼降生

1054年，苏轼十九岁，娶王弗为妻

1057年，兄弟同科进士及第，名震京师；母丧，丁忧（1057.4—1059.6）

1059年，举家迁往京都，1060年2月抵达汴京

1061年，参加制科考试，中第三等

1061年，任凤翔府判官，识陈慥（1061.11—1064.12）

英宗治平元年—四年（1064.1—1067）

1064年，任直史馆（1065.2—1066.4）

1065年5月8日，妻王弗丧

1066年，父丧，丁忧（1066.4—1068.7）

神宗熙宁元年—元丰八年（1068—1085）

1068年，娶王闰之（王弗之堂妹）

1069年，返回京都（1069.2）；任直史官（1069.2—1070.12）

1071年，任监官告院；任杭州通判（1071.11—1074.8）

1074年，三十八岁，任密州太守（1074.11—1076.11）

1077年，四十岁，任徐州太守（1077.4—1079.3）

1079年，四十三岁，任湖州太守（1079.4—1079.7）；乌台诗案入狱（1079.8—1079.12）

1080年，谪居黄州，担任黄州团练副使（1080.2—1084.4）

1084年，往常州（1084.4—1085.3）

1085年，往登州（1085.6—1085.10）；任登州太守（1085.10）；往京都（1085.10—1085.12）；任中书舍人（1085.12—1086.7）

哲宗（1086—1100）元祐年间，高太后执政（1086.3—1093.8）

1086年，以翰林学士知制诰（1086.8—1089.2）

1089年，任杭州太守兼浙西路兵马钤辖（1089.7—1091.2）

1091年，任吏部尚书（1091.1—1091.8）；赴京都（1091.3—1091.5）；任颖州太守（1091.8—1092.3）

1092年，任扬州太守（1092.3—1092.8）；任兵部尚书（1092.9—1092.10）；任礼部尚书（1092.11—1093.8）

1093年，妻王闰之丧；太后逝世；调定州太守

1094年，被贬往惠州（1094.3—1094.10）；谪居惠州（1094.10—1097.4）

1097年，被贬往儋州（今海南）（1097.4—1097.7）；谪居海南儋州（1097.7—1100.6）

徽宗（1101—1125） 向太后执政（1100.1—1100.6）

1101年，北返（1100.7—1101.6）；暴病，止于常州；建中靖国元年七月二十八日（1101年8月24日）去世，享年六十六岁

1102年，即崇宁元年六月，葬于河南汝州郏县小峨眉山

图书在版编目（CIP）数据

一蓑烟雨任平生：苏轼传 / 夏葳著. -- 北京：现代出版社, 2024. 11. -- ISBN 978-7-5231-1063-8

Ⅰ. K825.6

中国国家版本馆CIP数据核字第2024GD6186号

一蓑烟雨任平生——苏轼传
YISUO YANYU RENPINGSHENG——SUSHI ZHUAN

著　　者	夏　葳
责任编辑	赵海燕
助理编辑	马文昱
责任印制	贾子珍
出版发行	现代出版社
地　　址	北京市安定门外安华里504号
邮政编码	100011
电　　话	(010) 64267325
传　　真	(010) 64245264
网　　址	www.1980xd.com
印　　刷	三河市宏盛印务有限公司
开　　本	880mm×1230mm　1/32
印　　张	8.25
字　　数	194千字
版　　次	2024年11月第1版　2024年11月第1次印刷
书　　号	ISBN 978-7-5231-1063-8
定　　价	49.80元

版权所有，翻印必究；未经许可，不得转载